阿部《abe》一《hajime》著

空間＝環境のとらえかたは、文化によって異なっている。空間に対する認識の枠組みである、
環境の「見かた」を、アニミズム的・宇宙論的・一神教的・近代的という四つに類型化し、

空間の比較文化誌

それらの変遷と相互関係について豊富な具体例とともに論じた、斬新な空間＝環境論。

せりか書房

空間の比較文化誌——目次

はじめに　7
第一章　**環境の「見かた」の四類型**　12
第二章　**アニミズム的「見かた」**　24
ムブティ・ピグミー／ニューカレドニア島民／イバン族／日本列島／視覚世界とコスモス／風水思想／風景の発見
第三章　**宇宙論的「見かた」**　72
オセアニア・東南アジア／北ユーラシア／南北アメリカ／エジプト・メソポタミア／インド／ギリシア・ローマ／中国

第四章　一神教的「見かた」　121
至高神／ヌアー族／北・中央・西南アジア／唯一神教／一神教的自然観／キリスト教の自然と宇宙
第五章　近代的「見かた」　168
ルネサンスとプラトン主義／遠近法の誕生／西洋風景画の誕生／宗教改革と自然観／近代的自然観／都市と建築
第六章　まとめ　217
「見かた」の生態学的起源／「見かた」の変容と風景／近代的「見かた」の普遍性とポストモダニズム
注　234
あとがき　259

空間の比較文化誌

はじめに

　空間という言葉は、第一に何もない広がりを意味する。しかし、現実のわれわれは、そのような空間の中で生きているわけではない。われわれが生活している空間とは、自分たちを取り巻いている環境である。それは知覚像やイメージとして、われわれの前に現れている。現代の世界に住む人々にとって、この空間には、経験の中で価値を与えられ意味づけられた「場所」と、座標軸で表すことのできる均質な広がりとしての狭義の「空間」という二つの側面がある。

　人間は伝統的に「場所」の中で生活してきた。たとえば、ある種の森は神聖さという価値をもち、祖先神が降り立った土地という意味をもつ。特定の耕地は多くの作物を生み出すという価値をもち、そして、それは自然の生命力がうまく再生されていることを意味する。また、一部の荒地には、「穢《けが》れ」という価値と埋葬地という意味が与えられていることがある。

人間は経験により、自分たちを取り巻く環境にさまざまな価値や意味を見いだしてきたのである。

それに対して、工業化（産業化）は「空間」の拡大をもたらした。「空間」からは伝統的な価値や意味が剥奪されている。近代交通とは、そのような「空間」の中の移動である。高速道路や高速鉄道を利用する者にとって、路線は文字通り「線」で表される経路にすぎず、航空機はまさに三次元「空間」内を移動する。伝統的な生活の場である「場所」に対して、「空間」は機械が作動する場である。地上における、その種の「空間」の典型が工業用地である。工業用地は、森林を伐採したり、耕地を潰したり、海岸を埋め立てたりして造成された均質な平面であり、その上に工場が計画的に配置され、労働者を含む機械的連関によって製品が生み出されるのである。

工業地帯という近代的な「空間」の急激な拡大は、伝統的な「場所」の破壊をもたらした。日本においてそれは、水俣病をはじめとする公害病という衝撃的な形で現れた。工業的な「空間」は、その周辺の「場所」（生業の場）とともに、そこに住む人間をも破壊したのである。熊本県の水俣湾岸が被害の中心であった水俣病は、一九五三年頃にはすでに発生していた。三重県の四日市ぜんそくは、一九六〇年頃から多発しており、また、新潟県の阿賀野川下流域では、一九六四年頃に新潟水俣病が発生した。富山の神通川下流域で発生したイタイイタイ病は、一九六八年に公害病に認定された。五〇年代から六〇年代にかけて深刻化したこのような環境破壊を背景として、七〇年代に入ると工業化がもたらした近代的な「空間」についての反省が加えられるようになった。

七〇年代から八〇年代にかけて日本で盛んとなった景観論や都市論は、「空間」に対する「場所」の復権を意味するものである。景観論では公害によって汚染された国土に対し、日本の伝統的な聖地や村落の美が再評価され、都市論では都市（東京）の近代的な姿に隠されていた「場所」が照らし出された。このような「場所」論は、その文化における人間と環境の関係を明らかにすることにつながる。そして、環境問題への関心の高まりとともに、この「人間—環境」関係の解明が、さまざまな研究分野における重要課題となっている。しかし、近代的な「空間」と伝統的な「場所」を対比させるだけでは、文化によって異なる「人間—環境」関係の全体像をつかみ出すことは難しい。まず必要なことは、文化による「場所」の現れ方の違いを比較し、「人間—環境」関係を類型化する作業である。

そのための手掛かりとなるのが、父性的／母性的という類型化である。伝統文化における「人間—環境」関係は、「人間—人間」関係、「人間—神」関係、「人間—自然」関係という三つの極をもつ。「人間—人間」関係の中で最も根源的な父・母・子の三角形からなる親子関係は、子どもにとって最初の「人間—環境」関係である。したがって、父子関係がすべての関係性のモデルとなっている父性的文化と、母子関係が関係性のモデルである母性的文化を考えることができる。前者の典型がユダヤ文化であり、後者には日本文化があてはまる。

ユダヤ文化における父子関係の重要性は、ユダヤ商人の息子として生まれたジグムント・フロイトによる「エディプス・コンプレックス」の概念に示される。エディプス（オイディプス）は、それと知らずに自分の父親を殺し、自分の母親と結ばれたギリシア悲劇の主人公であり、母子の密着関係の切断者である父への憎悪が、親に対する無意識的な感情複合のモデルとなっている。それに対して、日本では精神分析において、母の裏切りにより母を憎悪するという阿闍世《あじゃせ》コンプレックス（古沢《こざわ》平作）や、母との密着を求める心理的傾向としての「甘え」（土井健郎）の重要性が指摘される。

「人間—神」関係も、父性的／母性的という概念で類型化できる。エリク・H・エリクソンは、宗教的なノスタルジアの二つの源泉として「良心を指導する父親の声」と、「母胎との幻覚的一体感」への「単純で強烈な願望」を挙げ、[1]それを受けつつ松本滋は、父性的宗教と母性的宗教を区別した。前者は、ユダヤ教のように条件的規範性に基づく宗教であり、その神々は強力な権威や権力をもった超越者である。一方、後者は、日本の宗教的伝統がそうであるように無条件的包容性に基づいた宗教であり、その神々は共同体の調和統合をはかる仲介者である。[2]

「人間―自然」関係について言えば、ユダヤ文化では、宇宙を創造した父性的な神と人間の関係の反復として、人間と自然との間に階層的秩序が見られ、神の似姿としての人間が動植物を管理・統御する立場にある。一方、日本文化では、苔ムスなどの「ムス」と霊力を意味する「ヒ」が結びついた「ムスヒ」の二神が宇宙生成の最初に登場するように、生成の原理としての自然そのものが神であり、それはすべてを生み出す母性的なはたらきなのである。

しかし、父性的／母性的という類型化を、世界のあらゆる文化に当てはめていくことには困難がある。さまざまな文化を空間という観点から相互に比較するためには、「人間―人間」関係、「人間―自然」関係、「人間―神」関係のうちのひとつを他のモデルとするよりも、三つの関係に通底する空間的な構造に着目すべきである。これらの関係に見られる垂直構造や、水平構造や、包含構造は、「場所」や「空間」として具現化されている。したがって、「場所」や「空間」についての考察から、文化によって異なる「人間―環境」関係の基層的な構造を明らかにすることができるのである。

そこで本書では、文化を論じる上で有効性をもつ父性的／母性的という観念を手掛かりに、環境を空間的に認知する心的構造を解明し、「人間―環境」関係を類型化する。次いで、それぞれの類型について、集落空間、宗教儀礼、神話、建築、知の体系などを通して具体的に概観し、最後にそのような心的構造の起源と変化について論じることにしたい。

第一章　環境の「見かた」の四類型

伝統的な「場所」や近代的な「空間」は、いずれも自分たちを取り巻く環境において見いだされる。その「見いだす」という行為は、文字通り視覚によっておこなわれる。人間にとっての環境とは、人間が知覚する世界（知覚世界）であり、われわれはそれについての情報の大部分を視覚から得ている。

環境が「場所」や「空間」として現れるということは、われわれが環境から意味を読み取っているということである。「空間」は、「場所」としての意味は持たないが、その「没場所性」（エドワード・レルフ）が「空間」のもつ意味である。環境の意味は、見る者の「態度」や「構え」や「視点」や「視線」や「まなざし」によってさまざまに異なりうる。地元の人間にとっては神の住む「場所」である山も、登山者にとっては自分の足で踏みしめるべき「場所」であり、地図作成者にとっては「空間」の一部に過ぎないであろう。環境の現れ方そのものを変えてしまうこれらの認識論的要素（「態度」「構え」「視点」「視線」「まなざし」など）を、本書ではまとめて「見かた」と呼ぶことにする。[1]

「見かた」とは、「視覚を中心とする知覚によって環境の意味を了解するための暗黙の前提となっている枠組み＝方向性」のことである。「見かた」の「かた」は、「型」（枠組み）であるとともに「方」（方向性）でもある。「見かた」（＝方向性）によってわれわれの知覚活動は方向づけられる。それは同時に、「見かた」（＝枠組み）を通しての情報の受け入れでもある。たとえば、ある文化において特定の山に神の住まいという意味が見いだされるのは、その山が対象となるように知覚が方向づけられているということであり、同時に、その山がその文化における「人間―神」関係という枠組みを通して眺められているということである。視覚を中心とした知覚の方向性は、「視線」という用語で表すことができる。また、認知の枠組みとは人間と知覚対象との関係であり、それは見る者の「視点」という言い方で表すことができる。視線が異なれば、知覚対象として重視されるものが変わってくる。神の住まいの場所を山ではなく天空と見る文化もある。また視線が同じでも、視点によって知覚対象の意味は変わる。農民の視点と地質学者の視点では、同じ山であっても意味が異なるのである。

人間にとって環境は、「見かた」に従って立ち現れる。いっぽう、現れた環境は、今度は「見かた」を支える。したがって共時的には、「見かた」と環境は相互依存的な関係にある。

山を神の場所であるとする「見かた」によって、特定の山が神の住まいとなり、また神の山の存在がその「見かた」を支えているのである。しかし通時的には、「見かた」は人類と自然とのかかわりの中から成立してきたものである。そしてそれは、親から子どもへと伝えられてきた。その伝達には教育も重要であるが、しかしその教育を受け入れる土台となるような「見かた」の基本構造は、子どもにとって最初の「人間―環境」関係である親との関係の中から身についていくものであると考えられる。

子どもの心理発達という点から見ると、親との関係は次のような段階をたどる。胎児は、母親の胎内で母子一体の状態にある。出産後の乳児も、胎内ほど完全ではないが、生後およそ一年ぐらいまでは自他未分化の状態にいる。つまり、自分と自分以外の区別がなく、世界のすべてが一体となっている。この状態は、母親によってすべての欲望が満たされることによって維持されうる。しかし現実には、空腹の時に乳を飲ませてもらえないといったフラストレーションが積み重なり、それによって否応なく自分と自分以外のものを区別するようになる。世界全体が自己だったところに、自分の思う通りにならない他者が発見されるのである。

他者の発見とともに現われてくる自己とは、意識をもった自己である。自他未分化の状態が意識以前の段階だったのに対して、自己と他者の分化はすなわち自己意識の出現である。子どもは、自己を主張するようになり、意志が発達する。この段階は生後一年ぐらいから三年ぐらいまでの間であり、意志が発達した子どもは、自分とは別の対象として認識したうえで、母親とかかわりあうようになる。母親は、子どもにとって母子一体感を求める願望の対象となる。

生後三年ぐらいから五年ぐらいまでの間に、父親が意識されるようになる。父親は、母子一体の状態を願望する子どもにとって、母親との間に立ち塞がる存在として現われる。父親とは、母との密接なつながりを切断する者なのである。切断を可能にするのは父親の力（権力）である。権力をもつ父は、命令や禁止を通じて社会的な規範を子どもに示す。やがて子どもは、このような命令や禁止を自分の心の中に取り入れて、自己を律することができるようになる。その結果、子どもは同性の親と自分を同一視して、男性あるいは女性としてのアイデンティティを確立する。

このように、子どもは成長とともに、新たな環境の中へと投げ込まれる。まず最初に体験されるのは、母子一体的な環境である。やがてその環境は、自己意識の成立によって、願望の対象となる。母親に包み込まれたいという願望を禁止するのは、父親である。母子密着を切断する父親との関係が、子どもにとって新たな環境を形成するのである。したがって、子どもにとって母親は自分を「包含」してくれるものとして、父親はそれを「切断」するものとして現れる。そのため、河合隼雄に従って、心のはたらきにおける「包含する」機能を母性原理、「切断する」機能を父性原理と呼ぶことができる。[2]

同性の親と自分との同一視により、母性原理はおもに女の子、父性原理はおもに男の子の心理的特徴となる。二つの原理が空間的にどのように表現されるかを示しているのが、エリク・H・エリクソンによる子どもの遊びの観察である。エリクソンは、一〇歳から一二歳の子どもにテーブルと玩具を与え、「テーブルの上に架空の映画の面白い場面を構成する」よう求めた。観察は一年半以上にわたり、約一五〇名の児童が約四五〇の場面を構成した。それらの場面の空間構成に、男子と女子の間で有意な差がみられたのである。女子は、壁のない家の内部に、家具を円形に並べることが多かった。低い壁で円形の囲いが作られることもあったが、その場合には、しばしば凝った門がつけられた。一方、男子は塔などの高い構築物を作る傾向を示した。また、廃墟や倒壊した建築物も男子に典型的であった。この観察結果から、エリクソンは、「開いた」「閉じた」が女性の変数であり、「高い」「低い」が男性の変数であると述べている。[3]

「開いた」「閉じた」は、母性原理における「包含」の二つの側面である。包含するとは内部に閉じこめることであるが、しかしそれは外部からの遮断すなわち父性原理的な切断ではない。包まれているという感覚は、自分の身体を包み込んでいる外部に対して自分の内部を開くことでもたらされる。つまり包含は、外部の広がりに対して開かれている状態なのであり、それを示しているのが、女子の空間構成に典型的な壁のない部屋や門なのである。一方、男子の空間構成においてみられた「高い」「低い」という変数は、垂直軸に沿った上と下への「切断」によって生じるものである。

したがって、母性原理的な空間構造は、「包含」によって特徴づけられる。一方、父性原理的な空間構造は、「垂直性」によって特徴づけられる。父性原理としての「切断する」機能は、「包含する機能」の否定であるとともに、空間的には垂直的な方向性をもつのである。身体的に大きな父は、小さな子に対して上という方向から権威や権力を及ぼす。権威や権力が上という方向と密接な関係をもつことは、日常的な表現における「方向づけのメタファー」(ジョージ・レイコフとマーク・ジョンソン)の暗黙の前提ともなっている。「方向づけのメタファー」では、「支配力や力があることは上、支配されたり力に服従することは下」である。たとえば「権力の絶頂」という表現では、権力は山のように頂上をもつものであることが含意されている。また「他国の支配下」のように、支配されるということは方向的に下に位置することとなのである。[4]

母子一体の状態から、意志の発達による分離を経て、父親の意識化へと至る心理発達過程は、母親・父親を生物学的な意味に限らず、それぞれの役割を果たす人物として広くとらえるならば、基本的にすべての人間に共通するものである。したがって、その過程の中から身

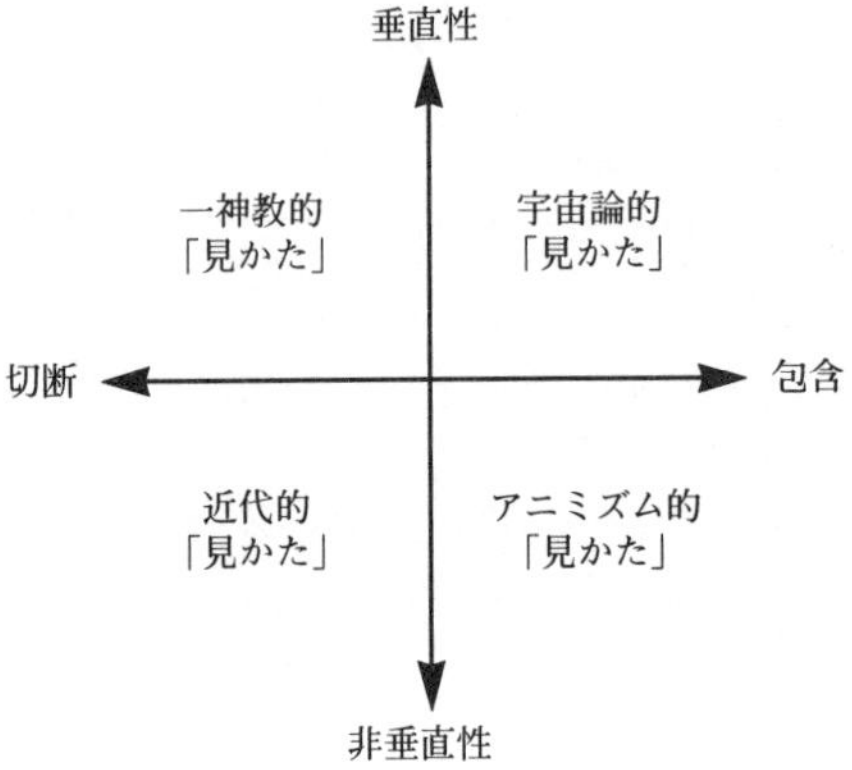

図1　「見かた」の四類型

につく環境の「見かた」から、「見かた」の基層的な構造を明らかにすることが可能である。まず、母性原理的な空間構造から「包含」という変数を取り出すことができる。「包含」の否定は「切断」という変数である。一方、父性原理的な空間構造から「垂直性」と、その否定である「非垂直性」という変数を抽出することができる。「包含」とは、人間が環境に包み込まれているという関係を示す。これは、視点が環境の内部にあるということである。それに対して「切断」とは、環境との間に切断線が入れられ、視点が環境の外部にあるという関係を示す。「垂直性」とは、上下の方向が空間の基本的な秩序となっていることを示す。これは視線が垂直性をもつということである。「非垂直性」とは、空間秩序において上下方向が重視されないことを示す。これは視線が垂直性をもたないということである。この四つの変数によって設定される「包含―切断」の軸と、「垂直性―非垂直性」の軸を組み合わせることによって、「見かた」を図1のように四つに類型化することができる。

「包含」＋「非垂直性」――アニミズム的「見かた」

これは、人間が垂直的な秩序を欠いた環境に包み込まれているという「見かた」である。視点は環境の内部にあり、視線の方向は水平的である。人間は、まわりを取り巻く環境に一体感をもっているが、天空は重視されない。周囲の環境は、「死と再生」を繰り返す自然＝神として現れ、人間もその循環の一部である。人間と自然が連続した存在とされるため、すべてのものに生命があるとするアニマティズム（プレアニミズム）（ロバート・R・マレット）や、すべてのものに霊魂があるとするアニミズム（エドワード・B・タイラー）がみられる。ラテン語のアニマ（anima）には、気息や霊魂のほかに生命という意味もあることから、本書ではアニミズムとアニマティズムを併せて広義のアニミズムとし、この「見かた」をアニミズム的「見かた」と呼ぶことにする。

「包含」＋「垂直性」――宇宙論的「見かた」

これは、人間が垂直的な秩序をもつ環境に包み込まれているという「見かた」である。視点は環境の内部にあり、視線の方向は垂直性をもつ。環境は、基本的に天・地・地下の三層構造からなる宇宙《コスモス》としてとらえられ、それぞれの世界は垂直軸を介して相互に結びついている。したがって、人間は水平的にも垂直的にも環境に包含されており、人間を含めた自然の「死と再生」の循環は垂直成分をもつ。一般的に、天空の最上部には至高神＝創造神が住み、それが宇宙的秩序を創造したとされる。また、天は父であり、地は母であるという観念も広くみられる。宇宙構造論《コスモグラフィー》や宇宙創成論《コスモゴニー》という形で高度な宇宙論が整えられていることの多いこの「見かた」を、宇宙論的「見かた」と呼ぶことにする。

「切断」＋「垂直性」――一神教的「見かた」

これは、宇宙の垂直的な秩序の頂点に父性的な超越神が座を占めているという「見かた」である。地上の世界を超越している神と人間の間には断絶がある。つまり、神の視点は、人間の知覚世界としての環境の外部にある。神の視線（神への視線）は垂直的である。その一方で、超越神とは人格神であり、人間は動植物よりも超越神に近い存在である。したがって、人間と自然の間にも切断線が入れられる。超越神の視点を分け持つことができる人間は、自然の外部に立つ。そのため、宇宙は「神―人間―自然」の垂直的な階層をもち、それぞれの世界の間には基本的に連続性はない。ユダヤ＝キリスト教に典型的なこの「見かた」を、一神教的「見かた」と呼ぶことにする。

「切断」＋「非垂直性」──近代的「見かた」

これは、垂直的な階層関係にない人間と環境の間に切断線を入れる「見かた」である。視線の方向は水平的であり、視点は環境の外部にある。この視点は、超越神の視点を地上に引き下ろしたものである。神という超越的な視点を共有しなくなった人間は、各自の視点をもつ。地上の人間の水平的な視線は、神の秩序から解放された自然と向き合う。超越的な視点は個別化され、人間は自己という単一の視点から自然を眺める存在となるのである。キリスト教的な「見かた」の水平化（世俗化）として近代ヨーロッパで成立したこの「見かた」を、近代的「見かた」と呼ぶことにする。

これらの四つの類型は、父性的／母性的という概念を精緻化したものと考えることができる。父性と母性は、一方が強ければ他方が必ず弱いという対立する二項というよりは、互いにある程度独立した変数であり、父性と母性の両者が共存する場合も、両者が弱い場合も想定される。したがって、「垂直性―非垂直性」を父性の「強―弱」、「包含―切断」を母性の「強―弱」に当てはめるならば、「切断」＋「垂直性」は弱い母性と強い父性の組み合わせで父性的、「包含」＋「非垂直性」は強い母性と弱い父性の組み合わせで母性的であり、「包含」＋「垂直性」は強い母性と強い父性で双性的と言うことができる。しかし、父性的・母性的・双性的などの用語で類型を細分化することは、家族・親族構造を示す父系制・母系制・双系制という用語との混乱を引き起こす可能性がある。

父系制とは、集団の成員権《メンバーシップ》や、地位や財産が父を通じて受け継がれるという規制である。父系制の中心的な指標は、父を通じて成員権が伝達される父系出自であり、そのほとんどが父系相続を伴い、また多くが父（夫）方居住である。一方、母系性の中心的な指標は、集団の成員権が母を通じて受け継がれるという母系出自であり、その多くは母（妻）方居住、あるいは母方オジ方居住を伴う。双系制では、成員権や地位や財産は、父方と母方のどちらからでも、あるいは両方から受け継がれる。このように定義される父系制・母系制・双系制が、父性的・母性的・双性的な文化と一対一で対応しているわけではない。

たとえば、ユダヤ教という父性的宗教を生み出したヘブライ人は、父系出自・父系相続・父方居住の規則に従う典型的な父系制社会であり、現代のイスラーム文化圏の家族タイプも一般に父系的であるが、キリスト教を背景に近代的「見かた」が成立した西ヨーロッパの家族タイプは双系的である。一方、母性的文化を育んだ日本では、古墳から出土した人骨により、古代から双系的な親族構造が基本だったことが明らかにされている。[5] 五世紀後半には、軍事的緊張と中国王朝の影響により、男のみに首長（家長）が継承される父系へと傾いたが、非家長においては双系的性格が残存した。一般に、戦争は父系制と親和的であり[6]、武士階級や明治民法で規定された「家」制度は父系的であったが、家族タイプの底流は双系的で、それとともに母性的文化が受け継がれてきた。このように、必ずしも双系制は宇宙論的「見かた」と対応せず、母性的文化が母系制と一致するわけでもない。そのため本書では、「見かた」の四類型の名称に父性的・母性的などの用語を使うことを避けた。

第二章　アニミズム的「見かた」

アニミズム的「見かた」では、知覚世界としての環境の内部に視点があり、視線は水平的である。人間は、垂直的な秩序を欠いた環境に包み込まれている。このような包含関係は、境界の内と外の区別を前提としている。境界の内部は、日常の生活が営まれている人間の領域であり、村落や耕地などがあてはまる。それを取り巻く外部は、自ずから生成を繰り返す活力の領域としての自然であり、原野や森などがあてはまる。人間は、そのような力を崇めたり宥めたりする。したがって、アニミズム的「見かた」における自然は、それ自体が神的な存在である。人間と自然＝神の包含関係を図２に示す。

村落の外に広がる自然＝神の領域は、死者の赴く他界でもあり、これを「異界」と呼ぶことができる。異界は、人間の領域と明確に切り離されてはいない。母子一体の状態において、子が母の温かさ（＝活力）の中にあるように、包含関係とは、周りを囲まれていながら、その周りに対して開かれているという関係である。したがって、人間の領域と異界においても、その境界は行き来が可能であり、両者は互いに浸透しあっている。このような「見かた」によれば、人間は自然と対立するものではなく、自然の一部である。自然は、「死と再生」を繰り返す生命力そのものであり、人間もその生命力に支えられている。人間の世界は、宇宙のこの大きな力の中に包み込まれているのである。

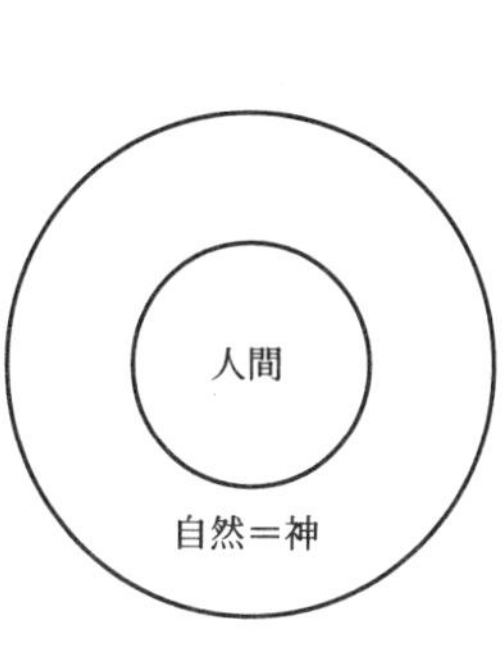

図２　アニミズム的「見かた」における人間・自然・神の関係

ただし、アニミズム的「見かた」においても、環境と人間の密着の程度は、社会の複雑さに応じてさまざまである。異界としての自然と人間との隔たりは、人間が自然の生命力に完全に包み込まれていると感じている場合には極めて小さい。生業という観点から見ると、このような感覚は採集経済と強い親和性をもつ。森の中で木の実などを手に入れる採集経済では、人間の領域を包み込む森がすべてを生み出す豊かな自然そのものであり、人間の生活はその生命力にすべてを依存しているからである（ムブティ・ピグミー）。また、イモ類などを栽培する根栽農耕でも、種イモからの繁殖が人間の生命力の再生と重ね合わされるため、自然と人間の隔たりは小さい（ニューカレドニア島民）。

それに対して、穀類農耕文化では、アニミズム的「見かた」を保持していても、環境の分節化が進んでいる。穀物を栽培する耕地とその周囲の原野は視覚的にかなり明瞭に分かれるため、人間の世界と異界が空間的に区別され、霊魂が両世界の間を移動するという観念が成立している(イバン族)。また、根栽作物よりも植付期と収穫期が明確になることで、自然の生命力の「死と再生」の周期がはっきりと認識されるため、霊魂と結びついた「穀霊」の規則的な移動も想定されるのである(日本列島)。

アニミズム的「見かた」では、人間はつねに環境に包含されており、その外部に立つことはない。したがって、環境と人間の密着度が高い場合には、視覚世界における奥行きの欠如が見られる。密着度が比較的低い場合でも、視覚世界は共同体によって共有されている神話的な視点から語られる。それは、人間の視点と言うよりは、自然=神に属する視点である。そして、視線に垂直性が欠けているため、天を重視する宇宙創成神話や宇宙構造論も未発達である。

しかし、自然の一部としての人間が、内部から自然を対象化することも可能である。中国では、環境と人間に通底する自然の生命力を「気」の観念によってとらえ、環境についての知を風水思想として体系化した。風水思想では、大地の気が人間に影響を及ぼすと信じられており、近代科学と違って環境と人間の間は切断されていない。中国ではまた、人間が気をコントロールし、自然の生命力の根源である「道《タオ》」と一体になることをめざす道教的な態度によって、理想郷としての山水の風景が発見された。

ムブティ・ピグミー

環境に包み込まれ、人間と自然の隔たりが極めて小さい民族の典型が、コンゴ盆地東部のイトゥリの森に住むムブティ・ピグミーである。ムブティの視点は、すべてを包含する熱帯林の中にあり、視線は垂直性をもたない。そして、空間的に包み込まれている森に対して、ムブティは生活のあらゆる面で密着している。

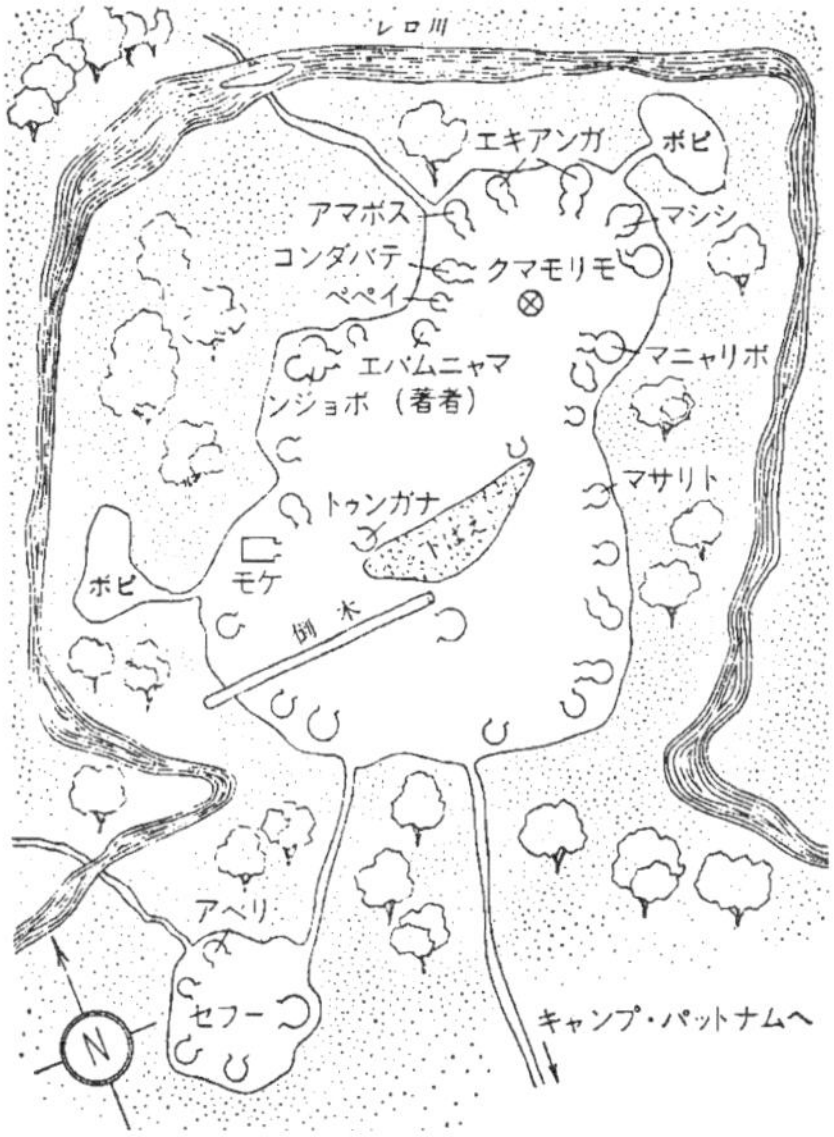

図3　ムブティ・ピグミーのキャンプであるアパ・レロ
コリン・ターンブル著、藤川玄人訳『森の民』（筑摩書房、1976）の地図3

コリン・ターンブルが著したムブティ・ピグミーについての民族誌である『森の民』によれば、ムブティは仲間の死をきっかけに、祭り（モリモ）を行うために農耕民の集落から森の中へと移動してキャンプを設営した。図3は、ターンブルが滞在したアパ・レロ（レロのキャンプ）である。そこは、直径二〇〇メートルほどの天然の空き地であり、レロ川が屈曲して流れているため周りを川に囲まれて、島のようになっていた。空き地は十分に広いものであったが、頭上では木々が触れ合っていた。[1] つまり、アパ・レロは水平的にも垂直的にも森に囲まれていた。

アパ・レロでのムブティは、生活のほとんどすべてを森に依存していた。男たちは森へ狩りにでかけ、レイヨウなどの肉をもって帰る。女たちはキノコや木の実や果物を森へ採りにいく。森の漿果《ベリー》や木の実《ナッツ》や香草《ハーブ》からは、リコと呼ばれる飲み物が醸造される。衣服は、蔓科の植物の樹皮からできる柔らかな布から作られる。その布には、カンゲイ（クチナシの実）からとった黒い果汁や、ンクラの樹皮からとれた赤い粉末を水にまぜたものを使って、模様が描かれる。またこれらの染料は、身体に着色するのにも使われる。小屋は、フィトと呼ばれるまっすぐな若木を骨組みとし、モンゴンゴと呼ばれるハート型の大きな葉を葺いて作られるのである。[2]

ムブティと森のこの密接な関係について、ある老人はターンブルに次のように語った。「森はな、わしらにとって父親でも母親でもあるんだ。父親や母親と同じように、わしらの要るものはなんでも——食い物も、着る物も、隠れ家《シェルター》も、暖かみも、……そして愛情も与えてくれるんだ」[3]。ムブティは森の子どもであり、森の善意を信じている。ターンブルの言葉によれば、「彼らは情け深い神格、あるいは、超自然の力の存在を信じており、森をそれと同一視する。彼らはこの存在に対して、ちょうど父母に対するのと同様の尊敬と情愛と配慮を払う義務を負っており、彼らのほうも同様のものをお返しとして与えられると信じているのである。[4] したがって、何かよくないことが起こるのは、森がその子どもであるムブティの面倒を見てくれていないからである。それは森が眠ってしまっていることを意味する。そこで、重い病人が出たり、猟が失敗したり、人が死んだりした場合には、森の目を覚まさせるために森に向かって歌をうたう。[5] 大きな危機に際して執り行われるこの儀礼が、「モリモ」である。

モリモの際にはまず、キャンプから外の世界（農耕民の村）へとつながる道が閉ざされる。木の枝や丸太によって、卑俗な外界が遮断されるのである。そして毎日正午頃に、二人の若者がキャンプ中の小屋から食物か薪の寄進を受ける。夕食後、女と子どもは自分たちの小屋に引きこもり、男たちはキャンプの中央の焚火を囲んで座る。[6] これはクマモリモ、すなわち「モリモの炉床」と呼ばれている（27ページの図3参照）。

男たちがうたい始めると、森の中からラッパの音がする。あらかじめ別の男たちが森の中で音を出す用意をしているこのラッパも、モリモと呼ばれる。モリモはしばしば「森の動物」というような呼ばれかたをする。モリモは腹を空かせた大食いの動物であるから、各小屋から集めた食物もそれに食わせるとされる。キャンプの男たちの歌にこたえるように、モリモは音を発する。その音は絶えず移動し、あたかも森のあらゆるところにいるように聞こえる。やがてそれは、動物のようなうなり声を発し、キャンプの中に駆け込んでくる。そして、焚火の炎の中を通されたり、男たちに灰をなすりつけられたりしたあと、モリモはキャンプを一周して、森の中へ消えて行く。その後、男たちは寄進された食べ物を食べ、再び夜明け近くまで歌い続けるのである。[7]

モリモでは、このようなことが毎日繰り返される。ターンブルが言うように、「毎夜の合唱は、いわば人間たちと彼らの神である森との親密な霊的交渉」である。森は、それ自体が善意と美にみちた神的存在である。したがって、賛美の歌によって「森の眠りをさまし、森を喜ばせ、森に再び幸せになってもらう」ことで、すべてはうまくいく。[8]神としての森がもつこのような「力」とは、「死と再生」の循環を繰り返す生命力である。それを端的に示しているのが、モリモの終盤に女たちが参加して行われる儀礼である。

ターンブルの観察によると、その日女たちは、モリモの焚火のまわりで男たちをリードしながらモリモの歌をうたい、そして踊った。その際に、ある老婆がモリモの火を踏み消そうとした。男たちは、うたいながら飛び散った燃えさしを集め、火の方を向いて、体を前後に揺さぶりながら踊った。それは、「生殖行為の模倣をすることによって火に新しい生命を送り込むかのようであった」。踊るにつれて、火に新しい生命が吹き込まれた。すると老婆が、また火を踏み消そうとした。同じことが合わせて三度繰り返され、最後に老婆は敗北を認めて退いた。女たちが姿を消し、男たちが再び歌をうたい始めると、戻ってきた老婆が男たちの首を紐で結び、ひとつなぎにした。すると、男たちのひとりが次のように言った。「この女はわしらを縛っちまった。男たちを縛っちまったんだ。狩りも縛っちまった。モリモも縛っちまった。わしらはなんにもできなくなっちまった」。食物と煙草を与えて許してもらうことにすると、老婆は紐を解いてまわり、解かれた者から順に歌を再開したのである。[9]

モリモの期間は定まっているわけではないが、この儀礼のあとまもなくして、皆はいつモリモを終わりにするかを相談しはじめた。したがってモリモとは、歌によって神である森の目を覚まさせるとともに、その終わりに際して、森の生命力そのものを再生させる儀礼であると考えられる。老婆がモリモの焚火を消そうとすると、男たちは生殖行為を模したエロチック・ダンスによってそれを復活させようとする。これは、モリモの焚火が生命力を象徴していることを意味する。火を消せなかった老婆は、モリモを司る男たちの首を縛ることで、「森の動物」モリモに具現化されている森の生命力に疑似的な死を与える。そしてそれをほどくことで、森の力をあらたに解き放つのである。

この儀礼は、生命力の「死と再生」の循環を起動させるのは、女性の力であることを示している。そうであるからこそ、モリモの起源は女性にあるとされる。ある伝説によれば、昔、モリモの持ち主は女だったが、男がそれを盗んでしまい、それ以来、女は見ることを禁じられるようになったと語られる。また別の伝説では、モリモの火をチンパンジーから（あるいは偉大な森の精霊から）盗んできたのは一人の女なのである。[10]

ムブティにとって、森は「死と再生」の循環を繰り返す生命力そのものであり、自分たちはその一部である。森という環境とムブティの間には、明確な切断線は存在しない。ムブティは全員が森の子どもであり、神である森は彼らの父母である。森は「首長であり、立法者であり、指導者であり、また最終的な仲裁者なのである」[11]。また、ムブティにとっては、生と死も完全に切断されてはいない。ムブティは病状をあらわすのに、「熱い」「熱が高い」「病気だ」「死んだ」「完全ないしは絶対的に死んだ」「永久に死んだ」といった言葉を使い分ける。[12] つまり人間の死は、肉体からの霊魂の分離というようなものではなく生と連続しており、その生は森（自然の生命力）と一体なのである。そのために、人間の死は、森というコスモス全体の生命力の衰退を意味する。この生命力を励起させるのがモリモの歌であり、したがって、歌の死は永遠の死をもたらす。ムブティのある伝説によれば、息子が見つけた「森で最も美しい歌を歌う鳥」を殺した父親は、自らも永遠の死に落ちたとされるのである。[13]

ニューカレドニア島民

採集狩猟民であるムブティが、自分たちを取り囲む環境全体と直接一体化しているのに対して、イモ類などを栽培する根栽農耕民は、環境の特定部分を介して自然と一体化していると言うことができる。根栽農耕民は、森のような自然環境そのものではなく、イモやトーテム（ある人間集団が自分たちと特殊な関係をもっていると信じている特定の動植物や事物）に同一性を感じているのである。根栽農耕文化のこのような特徴は、モーリス・レーナルトが民族誌を著した南メラネシアのニューカレドニア島民（カナク人）に典型的に見いだすことができる。

カナク人は、伝統的にはヤムイモ、タロイモ、バナナなどの栽培を主とする農耕民である。植民地化の影響で村の空間構成は乱されているが、レーナルトによれば、かつての村は次のように描写される。まず、家屋は草葺きで円錐形をしており、円形の盛り土の上に建てられている。盛り土の中央には、炉がある。それは、鍋を支えるために三角形に置かれた石である。また、家の戸口近くの平らな地面にも、石が立てられている。これは祭壇であり、供物を捧げる鍋を支えるためのものである。祭壇のそばにあたる戸口の両側には、永続性を象徴する滝木がある。家の基壇である盛り土の背部は神聖であり、トーテムの宿るところである。家の前はボエカセと呼ばれる広場になっていて、地面が掃き清められ、大きな旗竿が立てられている。広場の手入れされた茂みの中には、クランの祭壇がある。家と祭壇が集まっている場所が、居住地全体の中心であって、その地方のネペネヴァ（国の根底）と言われる。[14]

村の周囲は菜園であり、そのまわりには草原や林や山が広がっている。それはカホ（聖霊たちの場所）である。岩山や森の片隅には、祭壇や頭蓋骨を祀る場所がある。そこでは、神となった祖先と出会うことができる。このような場所と村の間は、境界線で区切られているわけではない。レーナルトの言葉によれば、「ある集団の居住地は住居の囲いや地面につけられたはっきりした境界線を限界とするわけではない」。村は、神話的領域によって包み込まれており、両者は連続している。「居住地とは、祖先や神々やトーテムの威光がおよぶ範囲すべてを含んでいる。風景、村の空間構成、社会、故人と神話的存在といったものは、ただひとつの全体をなすのであって、単に分割できないというだけでなく、実際上も区別がないのである」[15]。

生者と死者の領域が空間的に連続しているということは、生と死の連続性を意味する。メラネシアでは、死を指す語は死ばかりでなく、病気の重い状態や、非常に年をとった状態をも指す。[16] したがって、死という状態を明示するためには、たとえばピジン・イングリッシュを使って「ヒー・ダイ・フィニッシュ・トゥルー（彼は死んで、本当に終わる）」などと言う。[17]

そのため、生者と死者の区別も曖昧である。生者に対しては「カモ」という語が使われる。カは代名詞で「……する者」、モは「生きている」という意味である。ただし、カモは人間に限らない。人間らしくないやり方をする者は「カモではない」と言われるし、動植物や神話的存在であっても、何か人間的な性格が与えられているならば、それはカモと見なされる。[18]一方、死者は「バオ」と呼ばれるが、しかし生者の中にもバオと呼ばれる者がいる。それは、不可思議な力をもった者や見慣れない者、そして老人たちである。バオは現実の生活を超越している存在なのである。[19]さらに神々と死者の間にも明確な切断線を引くことはできない。バオは「神化された故人」のことでもある。カナク人において、死体のイメージと神のイメージは分離されておらず、バオは死体=神なのである。[20]

バオは、居住地の周縁にあたる原野の岩穴や樹のうろに納められる。神化された祖先と会うことができるのは、頭蓋骨を隠したそのような場所であるが、しかしその場所はやがて居住地全体の中に溶け込み、区別されなくなる。[21]「死体は特別扱いされず、人は山をも含めた居住地、すなわち死者が住み、樹々があり、泉があり、そして家々と家庭がある居住地に対して祈り、呼びかける」。死者=神は世界と一体化している。さらに、祈る人間と世界も、切断されていない。カナク人は、「自分のものであるこの狭い世界に包まれて」いる。つまり彼らは、このような世界=自然の一部であり、「自然に包まれて不分明なままに生きている」のである。[22] そのために、カナク人にとっては、世界＝自然の在り方が自分たちの在り方を示すものとして現れてくる。「彼らは自然の中に自分を押し広げていくことをせず、自然に浸透されている。彼らは自然をとおして自らを知るのである」[23]。それを示すのが、ヤムイモと自分たちの同一化である。

カナク人にとって、ヤムイモは人間的なものである。「それは祖先が拡散したような状態で溶けこんでいる土地の中に生まれてくるのだから、祖先の肉なのである。初物の祭りのときは、ヤムイモは人間を飾るように、特別の帽子と貝の装身具と呪術的な植物で飾られる。そして供犠のあとで男たちがそれを厳かに食べる」。ヤムイモは、地中に植えられた種イモから増殖する。種イモとして埋められた根茎は消えてなくなるが、それとともに新しい根茎を生み出す。古いヤムイモは新しいヤムイモを生み、新しいヤムイモは男たちの肉を作る。そして男が死ぬと、彼は土のなかに戻り、古いヤムイモ、すなわち彼の祖先たちとひとつになる。[24] このように、ヤムイモの「死と再生」の循環は、人間の存在の仕方と重ね合わされている。ヤムイモを食べることは、人間の生命力の再生＝活性化をもたらす。そのため、夫婦が初めて一体となるときに先立って、まず妻が料理したヤムイモを食べる儀式が行われるのである。[25]

メラネシア人は、祖先が溶け込んだ土地から生まれたヤムイモを食べることで、生命力を再生させる。それは、祖先神バオと一体化した自然から、生命力を受け継いでいることにほかならない。この自然の生命力の継承が、氏族《クラン》の血の継承と結びつく場合、その生命力は他の氏族との差異を示すようなかたちで限定を受ける。つまり、自然の全体ではなく一部が、その集団の生命力の根拠として現れる。それがトーテムである。メラネシアのトーテムは、村のすぐ近くの森に住むトカゲとか、波打ち際のウナギとか、タロイモの田の畦にいる黒いイモムシとか、家のすぐそばに生える小さい草など、身近なところにいる。[26]これらは、自分たちが受け継いでいる生命力を象徴する、自然の中の特異点である。

トーテムは自分たちの生命力の根拠であるが、それは時間的な起源ではない。トーテムはつねに今という現在的なものであり、カナク人はトーテムと一体感をもって生活している。[27]そしてその生命力は、女性をとおしてクランからクランへと受け渡されていく。女性は、ネオと呼ばれる森や寂しい場所を通るときに妊娠すると考えられている。そのような場所で、祖先やトーテムの好意によって送られてくる子どもの芽が、女性の中に入り込むのである。夫は、妊娠に関する自分の役割を知らず、自分の姉妹の息子にこそ自分の血が流れているとみなす。その血とは、自分自身の母親の血でもある。そのため、夫は、自分の姉妹の息子（甥）をかわいがる。やがて、自分たちの娘はこの甥と結婚する。また姉妹の娘が自分の息子と結婚するのである。メラネシアでは、結婚は母方のおじ「カニャ」を中心に展開する。

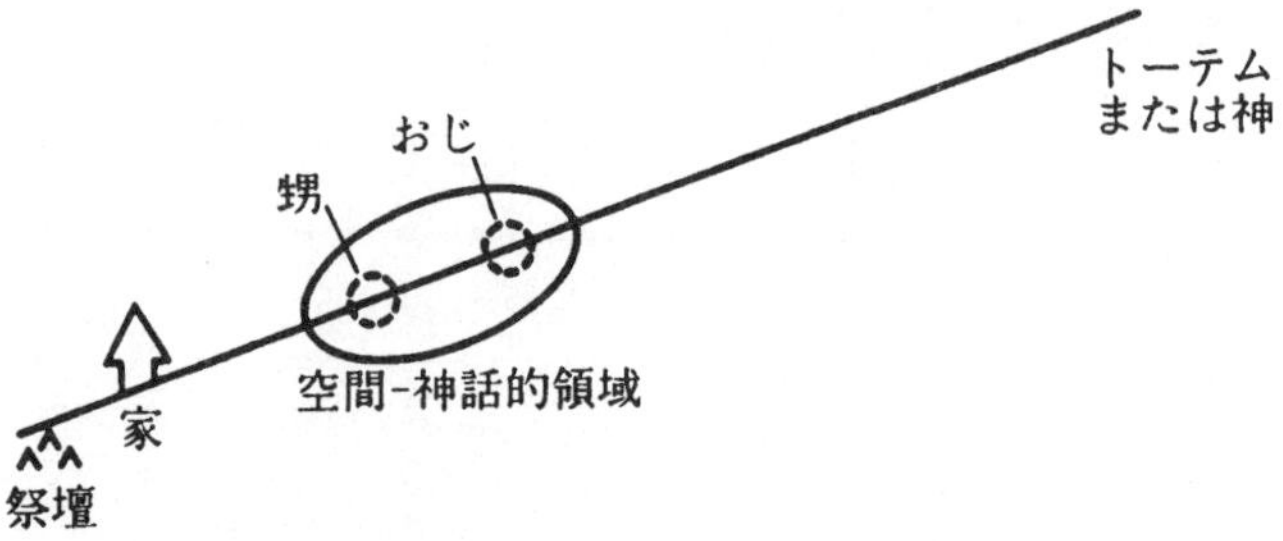

図4　ニューカレドニア島民が認識しているトーテムからの投影線
モーリス・レーナルト著、坂井信三訳『ド・カモ――メラネシア世界の人格と世界』（せりか書房、1990）、p.183.

母方のおじが、女性の交換を決定し、子どもに生命を吹き込む。[28] この母方のおじと甥は、ドゥアマラ（一対の甥）というひとつの用語で呼ばれる。[29] これは、トーテムの恒久的な生命力が、おじと甥を結びつけていることを示す。母方のおじの背中とうなじはトーテムの宿る場所であり、[30] 甥がその場所の更新を保証するのである。この限定された生命力の結びつきは、図4のようなトーテムから祭壇におりてくる投影線で示すことができる。この図は、現実的な世界が神話的な世界に包含され、両者が継ぎ目なく組み合っていることを意味している。

カナク人は、おじと甥を一対と見なすように、祖父と孫もまとめてドゥアエーリ（一対の孫）と呼ぶ。[31] これは、おじと甥の間で受け継がれる生命力が、祖父と孫の間で同質性をもつと認識されていることを示している。メラネシア人は、世代を四つしか記憶しない。そしてひ孫は、生存している曾祖父を兄と呼び、この兄のことをバオと見なしている。[32] これは、生命力が四世代ごとに祖先＝バオという異なった水準へと移行することを意味している。すなわち、カナク人にとっては三世代が「死と再生」の繰り返しの時間的な単位となっており、その循環の周期性が認識されているのである。

イバン族

自然（＝森）の全体と密着しているムブティに対し、カナクは祖先やトーテムやイモを介して自然と一体化しているという意味で、自然との密着の度合いがやや小さいと言える。このような自然と人間の隔たりは、穀類農耕文化になると、より広がる。それは、村・耕地と原野の空間的な分離がはっきりするということに対応している。つまり、人間の世界と自然の領域（＝異界）が区別され、霊魂が両世界の間を移動するという観念が明確に見られるようになるのである。しかし、たとえばボルネオ（カリマンタン）島西部に住み、陸稲を中心とした焼畑耕作を営むイバン族では、異界とこの世の隔たりはまだ小さい。

内堀基光の報告によれば、イバンの集落は一軒のロングハウス（長屋式高床住居）から成る。ロングハウスは通廊部（ルアイ）とそれに沿って並ぶいくつもの居室（ビレック）から成る。それぞれのビレックには、一世代につき一組の夫婦と未婚の子女から構成される直系家族が住む。イバンの世界は、このロングハウスを中心とした、同心円状の空間構成をもつ。

ロングハウスを囲む丘陵や、そこを流れる谷川はイバンの生活を支えている。これは、彼らの里（ムヌアあるいはムノア）である。丘の斜面は焼畑に利用され、主要作物として陸稲が栽培されている。[33]ムノアの外には、日常的に人間が出入りする森林やブッシュがあり、ババスと呼ばれている。ババスは、植物性食物や材料を採集したり、ちょっとした狩猟を行う場である。ババスの外側の原生林と言えるような奥深い森林が、カンポンである。カンポンという語はまた、「自然」や「野生」の状態を含意している。たとえば、バビ・ムノア（里の豚）が家畜としての豚であるのに対して、バビ・カンポン（森の豚）はイノシシを指す。カンポンはイバンにとって、狩猟のためにでかける場所ではあっても、住むべき場所ではない。そこに住む採集狩猟民は、獣のような存在と見なされている。このように、イバンの生活空間は、ロングハウスを中心にムノア、ババス、カンポンからなる。ただし、人間が出入りするカンポンをババスということがあるように、ババスは固定的な領域というよりは、カンポンとムノアの境界として見いだされる両義的な場所である。[34]

イバンにとっての森林（カンポン）は、動物性食物の供給源であるとともに異界でもある。人間は森林で、神々や精霊と接触する。イバンは、神々や精霊を総称してアントゥと呼ぶ。未墾の森林であるカンポンは、アントゥの領域なのである。アントゥのうち、人間に好意的なものをプタラと呼び、その他のアントゥとは区別する。人間の努力は、プタラの助けがないと実を結ぶことがない。そのために、彼らはプタラに供物を捧げるガワイ（祭り）をおこなう。[35] また、悪しきアントゥに対しては、シャーマンが対抗する。人間はアントゥが体を通り抜けると急病になると信じられており、シャーマンはそのアントゥを遠ざけようと努める。その際、シャーマンは自らの身体から霊魂を分離させ、それを異界へと解き放つことができるとされる。[36]

このシャーマンの存在が示すように、イバンには身体と霊魂の二元論がかなり明白に認められる。霊魂（スマンガットあるいはスムンガット）は、その持主と同じ姿をした小人のようであると言われる。また、霊魂が身体から一時的に離れると病気になり、永久に離れると死ぬとも言われる。つまり霊魂は、身体的な自己と区別される「分身」であるとともに、生を支える「生命力」でもある。[37] したがって霊魂＝分身は、生きている間は身体から完全に解き放たれることはない。これは、霊魂の世界が現実の世界と離れて存在するわけではないことを意味する。イバンはしばしば、「世界はシャーマンの眼や霊魂にとっては異なって見える」と語る。これは、「霊的世界が現実世界から遠くへだたったところにあるのではなく、この世の異なった位相として、現実の裏面に張りついたようにしてあるということである」。表裏一体である霊的世界と現実世界とのあいだを、霊魂やアントゥが往来している。人間が経験する夢や死も、このような交流に含まれる。[38] したがって、死者の霊魂が赴く他界もこの世と連続しており、大地から離れることはない。
死者の霊魂はアントゥ・スバヤンと呼び、死霊の領域を「スバヤンのムヌア（里）」と呼ぶ。死霊の世界の位置はさまざまな表現で言い表される。多くのイバンは、死霊の世界はこの世から遠くないと言う。「死霊の世界との境はルマヨン・ヤシの実の内皮の厚さしかない」という格言がある。この内皮とは半透明の薄い膜であり、それがこの世とあの世を隔てる境界である。具体的な位置に関しては、インドネシアの西カリマンタンにあるマンダイ山やマンダイ河を死霊の世界と結びつける観念がある。さらに、多くのイバンが、死霊は地下に住むとみなしている。これに対して、シャーマンなどの知識人は、死霊の世界の位置をはっきりと示すことを避ける傾向がある。どこと特定はできないが、この地上で、山並みを越えた所にあると言われることが多いのである。これは、シャーマンがトランス状態の中で、人の霊魂を追い求めるときの風景に対応している。このように、死霊の世界が位置する場所はさまざまに想定されているが、いずれにせよ、その場所が大地から離れることはない。したがって、「死霊の世界とは実はこの生者の世界にほかならない」という観念も成り立ちうる。その場合は、死者も生者も同じ空間を共有しているが、ただ生者は死霊を見ることができないということになる。[39]
イバンの霊魂は、「死と再生」の循環を繰り返す自然の一部である。霊魂は死霊の世界で

「とても長いあいだ」生活を続けるとされる。その期間は、だいたい三世代のあいだと言われることが多い。カナクが曾祖父母の世代までしか記憶しないのに似て、イバンの命名法では、二世代おきに同一の名前を子どもに与える。つまり、子どもの名前は、曾祖父母の世代に属する者の名前から選ばれる。これは、イバンが三世代という時間を「死と再生」の循環の単位としてとらえていることを示す。これに対応して、霊魂もほぼ三世代の期間の後に「死ぬ」とされる。この時、霊魂は分解されて霧となり、それから朝露や雨となって、地上に降りてくる。朝露は大地に浸透し、ススキのような雑草（エントルクップ）の根から茎へと吸収される。この茎には赤い粘液が含まれており、イバンはこれを冗談半分に「死霊の血」と呼んでいる。エントルクップはかつての畑である二次林にたくさん茂っており、毎年新しい畑を作るために林を伐採するとき、「死霊の血」が大地を流れる。その畑で、稲が栽培されるのである。[40]

これは、地中に入った人間の霊魂の一部が、稲の中に取り込まれるということを意味する。イバンがよく口にする言葉に従えば、イバンは「自分たちの先祖を食っている」のである。米は、彼らの「遠い死者の霊魂の残骸」である。これを食べることで、イバンは自らの生命力を培うことができる。[41] つまり、死者の霊魂＝生命力が、稲を通じて受け継がれているのである。イバンの宗教は典型的なアニミズムであり、現実世界のすべての事物に霊魂（スマンガット）があると信じられていて、[42] 稲にも霊魂（稲魂）があるとされる。しかし、死者の霊魂の破片が、直接稲魂に転換するわけではないようである。イバンの「死と再生」の循環においては、死者の霊魂＝生命力が、稲に吸収されることで稲魂＝生命力を活性化させ、米を実らせる。そして、その米が人間の肉体に取り入れられることで、生者の霊魂＝生命力を活性化させる。[43] このような観念は、イバンの霊的世界と現実世界が相互に深くかかわりあいながら、その全体が自然の生命力に包み込まれて存在しているという暗黙の認識を示しているのである。

日本列島

水田耕作のような高度な穀類農耕では、根栽農耕以上に耕地とその周囲の原野とが明確に分かれる。それとともに、人間の世界と異界がはっきりと区別され、霊魂の両世界間の移動も空間的に明瞭なかたちでとらえられる。また穀類農耕では、根栽作物よりも植付期と収穫期が明確になるため、自然の生命力の「死と再生」の周期が強く意識される。そのため、霊魂と結びついた「穀霊」の規則的な移動という観念も見られる。このような分節化の進んだアニミズム的「見かた」は、アイヌの文化領域を除く日本列島の伝統的集落において典型的に見いだすことができる。

日本民俗学によれば、アイヌ以外の日本列島の伝統的集落には、一定の共通した世界観が見られる。それは、異界が集落を包含する同心円構造で表すことができる。琉球では、シマとかクニと呼ばれる伝統的な集落は、「御嶽《ウタキ》」と呼ばれる聖地を集落はずれにもち、その方位を祭祀的に優位な「上」とし、反対を「下」とする。[44] それとともに、この世としての集落に対して、海の彼方をあの世とする海上他界観が見られる。柳田國男によれば、南島には、霊魂の赴く生命力にあふれた国が海上にあるという信仰が見られる。海上他界であるこの先祖の国が「ニライカナイ」である。[45]

海上他界とこの世は連続しており、そこからは豊饒がもたらされる。たとえば、竹富島の「ユークイ」（世迎え）の神事では、女性の司祭者である「ツカサ」（司）が浜辺から西方にむかって熱心に祈願する。太鼓を打ち鳴らし、神歌をうたって、西方の彼方にある異界から幸と豊饒が神の船に乗ってこの浜辺にあらわれてくるのをひたすら待ち続ける。そして幻想としての神船の出現をよろこび、踊りながら異界からの「ユー」（世）を集落の中央にある小高い聖地に迎えるのである。[46] 豊饒の源泉としての海上他界という観念は、「浜降り」という行事にも反映されている。これは、旧三月の大潮の引くときに、女性や子どもを中心とする人々が浜辺やサンゴ礁地帯に出かけて、魚介類を採取して一日を過ごすものである。採取した海の幸は、家に持ち帰り、神々に捧げ、料理して家人が共食する。これによって、一家の安泰と繁栄がもたらされると考えられている。魚介類は海の彼方の異界からもたらされた「世（ユー）」、すなわち幸と豊饒なのである。[47]

一方、旧四月にも浜降りがおこなわれる。これは奄美大島周辺ではムシカラシといい、田の稲につく害虫を駆除するために村人全員が浜に下ることがある。[48] このような虫送り行事としての浜降りは、この世の悪しき存在を海の彼方の異界に追い払う行事である。したがって海の彼方の異界は、豊饒と幸の源泉であると同時に悪しき存在を包み込んでしまう性質をもっていることがわかる。[49] これは、海上他界がもつ空間的な包含性のひとつの現れであると解釈できる。

海上他界からやってくる幸が、来訪神という形をとる場合も多い。南島では、仮面仮装した神が一年に一度あらわれ、豊饒や幸福をもたらすとされる来訪神信仰がさかんにおこなわれている。たとえば、トカラ列島では、旧七月十六日の盆に、ボセマラとよぶ棒をもち紙製の面をつけたボセが三体、総代屋敷に登場し、豊作をもたらすとされる。宮古島のパーントは、特定の古い家を訪問してもてなしをうけ、また新築の家や新生児に泥を塗って、村中の悪霊を払う。石垣島川平《かびら》のマユンガナシは、豊作・家内安全をもたらす来訪神であり、八重山諸島各地のアンガマは、盆、節祭、三十三年忌、家の新築時などさまざまな機会に出現する祖先神である。西表《いりおもて》島古見などのアカマタ・クロマタも、海上他界から訪れて豊作をもたらす神である。男神であるアカマタと女神のクロマタは、豊年祭（プール）において「ナビンドゥ」とよばれる洞穴から出現し、村人に幸と豊饒を授ける。洞穴の奥は海の底に続き、「ニール」などとよばれる始原世界に通ずるといわれている。[50] 村武精一によると、「ユークイ」や「浜降り」や来訪神信仰から読み取れる海上他界と集落との関係は、図5のように模式化できる。集落は、ニライカナイとかニーランとかニーラスクと呼ばれるあの世に囲まれている。そして、集落の周辺にある耕地やサンゴ礁地帯を介して、人々はあの世と交流できるのである。

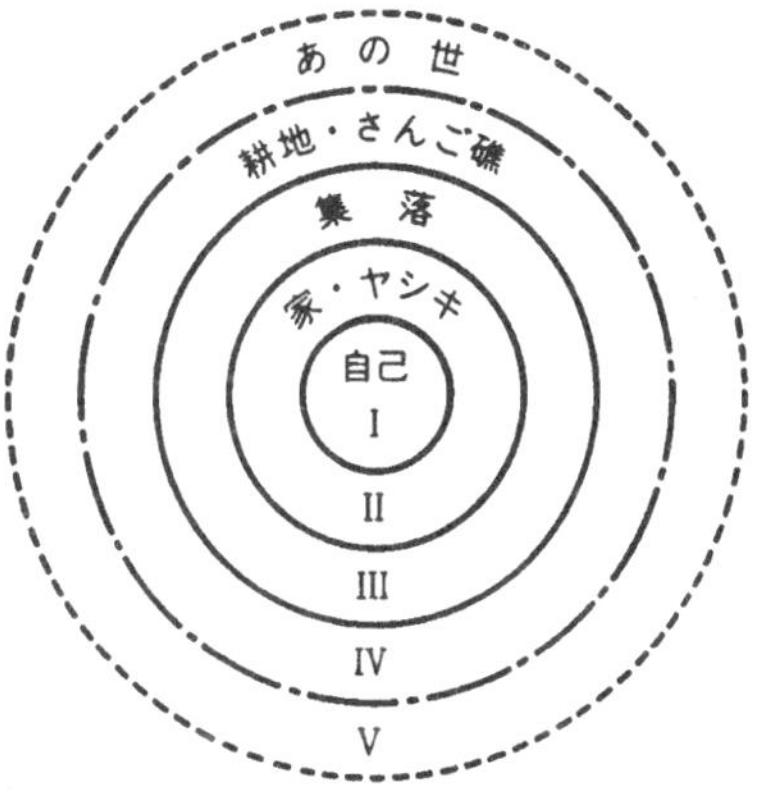

図5　琉球の伝統的な集落と海上他界の関係
村武精一『祭祀空間の構造——社会人類学ノート』（東京大学出版会、1984）、p.187.

本土においても、海岸沿いの集落では、海上他界観を反映した行事がみられる。来訪神信仰としては、秋田のナマハゲ、岩手のヒガタタクリ、鹿児島のトシドンなどがある。海の彼方が神霊の領域であることは、浜降祭《はまおりさい》や盆行事における精霊送りにも示されている。たとえば、相模の寒川《さむかわ》神社の浜降祭は、海中で神霊（ミタマ）を再生させる祭祀であり、神社でミタマウツシをされた神輿が海中に入ることで、その力が活性化される。[51] また、志摩地方の菅島では、各家で精霊を迎えて供養したのち、ふたたび異界に送り出す際に、流れ組ごとに精霊船をつくり浜に集合する。そして一艘の船にこれら精霊船をのせて、島を半周して南の沖合で精霊船を流す。つまり、精霊の帰る異界は、南の海の彼方にあると信じられているのである。[52]

一方、本土の多くの伝統的集落にとって、異界は「ヤマ」と呼ばれる山野にあった。柳田國男が指摘するように、「ヤマ」は日本の常民にとって基本的な他界だった。死者の霊魂は、その家の先祖代々の祖霊と融合し、村落の中の小高い丘や、村落を取り巻く山にとどまる。そして、必要に応じて子孫を訪れ交流すると信じられていた。[53] 村落と「ヤマ」の関係は、福田アジオによれば、図6のような同心円構造として示される。福田は、柳田國男の「古い所へ溯りますと、村なるものの意義は今日とは異なつて居りまして、単に民居の一集団即ち宅地の有る部分のみを村と称したのであります」という見解を受けて、「民居の一集団」すなわち集落を「ムラ」とし、その周囲を耕地としての「ノラ」と山林原野である「ヤマ（ハラ）」が取

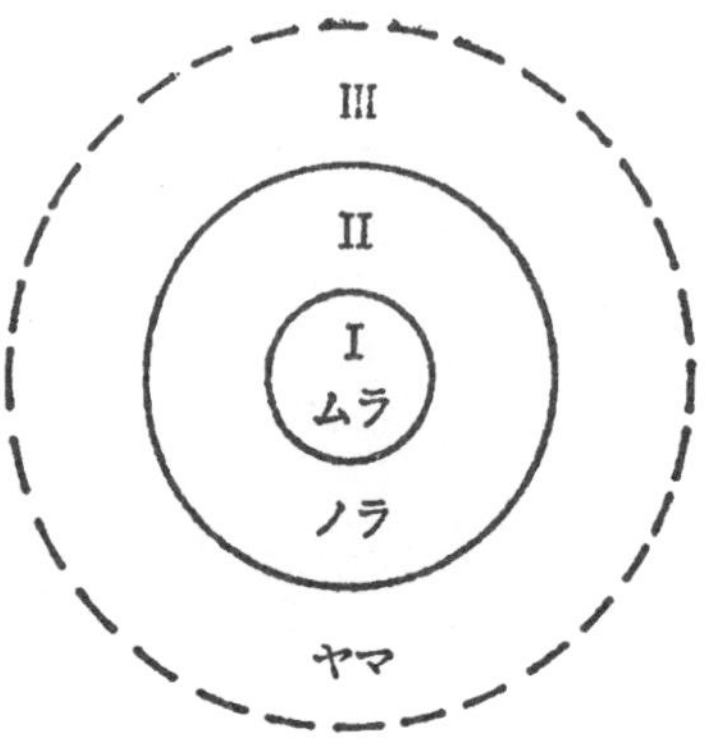

図6　日本の伝統的な集落と「ヤマ」の関係
福田アジオ『時間の民俗学・空間の民俗学』（木耳社、1989）、p.110.

り巻いているとした。[54]「ヤマ」は、水田に入れる刈敷、堆肥にする草や落ち葉、薪、建築材などを採取する場所であり、また埋葬地がみられることも多い。したがって、採取地や埋葬地となっている川原も「ヤマ」と同じ性格をもつ。[55]

ムラとノラの間や、ノラの外縁は、境界として認識されている。ムラとノラの境界は、穢れをムラに入れないために道を象徴的に遮断する「道切り」という行事で吊るす、勧請板《カンジョウイタ》や八丁注連《ハッチョウジメ》によって示される。[56] また、ノラのはずれは、「虫送り」という行事で重要な役割を果たす。これは、松明や藁人形をかかげてノラを走り回り、最後はノラの外へ害虫を追い出してしまう行事である。その追い出す地点は、ノラのはずれの隣村との境や外へ流れていく川のところであり、そこがノラの外縁にあたる。一方、耕地であるノラと山野であるヤマは、植生や地形の違いによって明確に分けられる。そしてそこは、ムラが独占的に利用するサトヤマから村々が共同利用するオクヤマを経て、はるかな他界へと続いているのである。[57]

ノラにはノラを守る神がいる。それは「野神《ノガミ》」や「田の神」と呼ばれる。滋賀や奈良で広く見られる野神は、村の耕地のはずれにあり、多くが杉、欅《けやき》、榊《さかき》などの巨木である。祭りの際には、その根元に御幣を立て、また供物を供える。田の神の場合には、祠がないのが普通であり、ときおり儀礼が行われるだけである。たとえば、福島の滝根町作前の旧家では、毎年田植えの前に自分のヤマに行き、楢《なら》の木を伐採して、それを田の中央に立てて拝み、田植えをする。その伐採を田の神迎えと言うのである。[58]一方、ヤマには山の神が祭られている。それは、山奥ではなく、人間が草や薪を採取するサトヤマにいて、その地を守っている。

田の神信仰には、春には山の神が田へ降りてきて田の神となり、秋には山へ帰って山の神となるという伝承があり、これはとくに東日本に多くみられる。それに対して西日本には、田の神が家と田を往復するという信仰が見られる。能登半島のアエノコトの祭りでは、家の主人が田の神を家に迎え入れる。田の神は種籾《たねもみ》を入れた俵に宿り、座敷の床の間などでまつられ、翌春に田へ出ていく。また、西日本の各地には、年神《としがみ》（歳神）と呼ばれる神が田と家を行き来するという伝承が分布している。稲霊の再生は、人間の誕生と重ね合わされている。種籾俵は、夫婦の寝室であり出産にも使われる納戸に置かれることがある。また、刈り取った稲を積んだ稲積《いなづみ》と、産屋《うぶや》を指す語が重なり合う例も多い。たとえば、沖縄県八重山地方では、稲積を指すシラは、産屋生活を意味する語でもある。さらに、稲の種子をスヂと呼ぶ地域があり、これは血筋や家筋のスヂと同じなのである。[59]

以上のように、日本列島における世界観には、集落（家屋）・耕地（浜辺）・他界からなる同心円構造が見られ、各領域の境界はある程度明確に認識されている。したがって、イバンよりも空間の分節化は進んでいるが、しかし各領域の間は、霊魂＝生命力が往来しており、相互に強く結びついている。それを示すのが、祖先神の来訪や、死者の霊魂の移動、田の神あるいは稲霊の往復である。そして、海や山、俵や稲積は、生命力を再生する場となっている。霊魂は、母胎のような場所にこもったり包み込まれたりすることで、その生命力が再生されるのである。

視覚世界とコスモス

アニミズム的「見かた」では、視点が環境から断絶された超越的な位置を占めることはない。視点はつねに環境に包み込まれており、そのため、環境を対象化することは難しく、自然との隔たりは小さい。とりわけ、周囲の環境が視線の奥行きに制約を与えている場合には、それは視覚における遠近感の欠如というかたちをとる。ムブティは、森という近接的な環境に水平的にも垂直的にも包含されているため、はるか遠方にあるものを認識できない。それを示すエピソードとして印象的なのが、コリン・ターンブルがケンゲという名のムブティをエドワード湖に近い草原に連れて行った際の出来事である。ケンゲは、数マイル離れたところにいるバッファローの群れを見て、ターンブルに次のように言ったのである。「あれはどういう虫なのかね」。また、ターンブルが湖に浮かぶ大きな釣り舟を指さした時にも、ケンゲには材木が一本浮かんでいるとしか思われなかった[60]。

モーリス・レーナルトによれば、カナクにおいても主体と対象が密着しており、両者のあいだに距離がない。カナクの「目はいまだ奥行きを見ることに慣れておらず、世界を二次元でしか捉えない」[61]。彫刻や線描画における人間の顔は、つねに頭の上に大きな円板を載せている。それは後頭部を示している。奥行きというものを知らないために、隠れて見えない部分が展開図のように開かれているのである[62]。しかしそれは、ムブティと異なり、遠方のものを認識できないということではない。ある物語では、妻となる女性を求め「母方の先祖はどこにいるのか」とたずねる酋長に、母親は地平線を指して「向こうの、あの岩山の頂です」と答える[63]。このように、世界は地平的な広がりとして認識されている。カナクの世界が二次元的であるというのは、世界の外部に立ち、距離をとってそれを対象化することができないということである。カナクは「世界と自己とのあいだに隔たりをおくことも、遠景、中景、近景などを順次にとらえ、配置することもできない」。つまり、自分自身を世界から分離していないのである[64]。それはトーテムとの関係にはっきり示される。カナクはトーテムと一体感をもって生活している。彼らはトーテムをまねて踊り、他人が自分のトーテムについて話すと、まるで自分自身のことを言われたかのように動揺する。トーテムについて自分が語る際には、トーテムにとっての現在と自分がいる現在が、現実の中で同時に成立している平行した二つの出来事となる。「話し手は同時に二つの平面の上を動いて行く。彼はトーテムの平面にいると同時に自分自身の平面にもいるのである」[65]。このように世界と自己との隔たりがはっきりしていないため、彼らは物語を語る際に、物語が展開する空間に自分の身を移さなければならない。彼らは言葉を通して物語の舞台に身を置き、そこを中心として周囲との関係や方向を語る。そのため、物語に出てくる地名を忘れると、彼らは語ることを拒む。自分が今いる場所に精神を残したままでは、物語を語ることができないのである。[66]

現実の視覚世界が対象化されず、神話的な態度のもとでしか世界が視線の対象とならないということは、イバンや琉球でもみられる。視覚世界は、「いま・ここ」にいる自分の視点からではなく、共同体によって共有された神話的な視点によって語られる。それは、世界のすべてを見晴らす超越的なものではなく、世界の内側から現実世界と霊的世界を結びつけるような視点である。イバンの通夜では、そのような視点による葬歌がうたわれる。それによれば、死霊はロングハウスを出て、近くの水浴び場、古いロングハウスの跡を通り、あたりにさまざまな鳥が住む長い尾根道をたどる。ここまでが人間の土地である。さらに進むと道が七つに分岐しており、ここで正しい道を選んで丸木橋で谷を渡ると、「大地の戸」に至る。「大地の戸」から先は死霊の世界であり、死霊はさまざまな土地を通過してマンダイ河の岸に至る。舟で河を下ると、目的地のロングハウスで、亡くなった母親が待っている。[67]この葬歌の冒頭でうたわれているのは、自分たちの居住地周辺で現実に見られるものである。しかしそれは、身体から抜け出たシャーマンの霊魂が見る世界である。脱魂したシャーマンの視線により、自分たちの土地は死霊の移動経路としての意味を与えられ、視覚的に対象化されているのである。

宮古島の狩俣《かりまた》では、冬の祖神（ウヤガン）祭りにおいて、部落の最高神女である「ンマテダ」により「祓《ハラ》イ声《グイ》」という神謡が詠まれる。[68] これは、部落創成の神であるンマヌ神が、村立てをするために水源を探し求めて巡り歩き、クルギ井戸（水源地）、ヤマダ井戸を経て、イス井戸を探し当てそこに村を立てたが、そこは潮風が当たるので南の方に村を移したという内容である。[69] この神謡では、「島の頂を定めて／国の頂を定めて」「頂杜に登って／頂崎に登って」というように、村を立地する場所を決めるために祖神が見下ろした小高い場所や見晴らしのよい場所がうたわれている。[70]「祓イ声」は、ンマヌ神自身の言葉であり、したがってこれをうたうのは、神女が祖神による村立てを再現することである。すなわち神女の視点は、祖先の視点に重ねられている。この視線によって、村の周辺の杜や崎が、祖神の巡行経路という意味のもとで視覚的にとらえなおされているのである。

視点が地上の世界に内在しているアニミズム的「見かた」では、天地を基本的な秩序とする宇宙論《コスモロジー》は発達しにくい。まず第一に、世界のすべてを見晴らす天という視点を持たないために、宇宙構造論《コスモグラフィー》は不明瞭であり、とりわけ垂直的な秩序に欠ける。ムブティの世界観においては、天や太陽や星はほとんど何の役割も果たしておらず、天―大地―地下という階層的秩序は見られない。メラネシア南部の人々も、三層構造の宇宙という概念をもたない。カナク人の物語には、太陽の娘たちや、地下の世界が登場するが、太陽の娘とは、天から降りてきた者ではなく、東方から来た娘にすぎない。また、地下の世界も生者の土地と混じり合っている。[71] イバンの霊的世界はさまざまであるが、いずれも大地から離れたものではなく、現実世界と表裏一体という観念も見られる。日本列島においても、古代の宇宙観では、天と海がともにアメ・アマと呼ばれたように、[72] 両者が一体となって大地（島）を包み込んでいた。

第二に、天と結びつく超越的な力が宇宙を支えているという観念にも無関心であるため、宇宙創成論《コスモゴニー》は存在しないか、存在しても天の役割がはっきりしない。ミルチャ・エリアーデによれば、宇宙創成神話を詠唱することは、宇宙の創成を再現することであり、その秩序を「更新」することにほかならない。[73] ところが、自然との密着の程度が強く、自然の生命力に包み込まれている場合には、宇宙の秩序とは人間も含めたその「死と再生」の循環以外になく、しかもそれは自ずから更新されている。生命力が衰えた時、それを励起する必要はあっても、生命力それ自体の起源は問われることがない。これは、宇宙創成神話の欠如を意味する。ムブティのモリモの歌は、森を賛美するものであり、その起源をうたうものではない。

ムブティの伝説をみても、収集された二百ほどの伝説のうち宇宙の創造にかかわるものは三つだけであり、それも周囲の文化からの影響であると考えられている。[74] またメラネシアや、東南アジアの一部でも、宇宙創成神話は発達していない。メラネシアの神話では全般的に宇宙の存在が前提となっており、東南アジアの辺境の農耕民にも、宇宙の存在を前提として、そこから先の出来事だけを語る神話が多いのである。[75]

一方、東アジアでは宇宙創成神話が見られる。しかし、それらの神話でも、天の果たす役割が明らかではなく、天の父なる神と大地の母なる神が分離した後に結婚して宇宙が開かれていくという、「天父地母」型のモチーフが不明瞭である。たとえば琉球南部の宮古諸島や八重山諸島では、原初の大海原に天から土砂が投げ入れられたことにより島が形成され、その土中から男女が生まれたという神話が見られる。[76] すなわち、大地が始祖を生み出す母胎となっているのである。

風水思想

環境に対するアニミズム的「見かた」によれば、人間は自然に包み込まれており、自然がもつ生命力の一部である。一般的に、そのような生命力へのはたらきかけは、自然そのものを神と見なしたり、自然を霊的領域としてとらえるような宗教的態度によって行われる。しかし、高度な文化のもとでは、自然がもつ生命力を考察の対象とし、その盛衰を体系的に説明するような科学的態度が見られる。そのような「見かた」の典型が、中国南部で体系化された風水思想（風水説）である。

中国では、古来から宇宙全体に「気」と呼ばれる生命力が充満していると考えられていた。気はガス状の連続体であり、エネルギーであるとともに微小物質でもある。[77]『荘子』の「知北遊篇」には、気が凝集すれば生となり、拡散すれば死となると述べられている。気には「陰」と「陽」という二つの側面があり、陰の気は静、冷、暗など、陽の気は動、熱、明などを属性とする。両者の交合によって万物が生まれ、その消長によって四季が形成される。陰と陽は、一方の活動が盛んになると他方が衰え、その活動が頂点に達すると他方に位置をゆずることで、循環と交代を無限に繰り返すのである。

このような「気」の観念に基づいた地勢の「見かた」が、六朝期（二二〇～五八九）の初めに江南で体系化された風水思想である。風水思想は、大地を気というエネルギーに満たされた巨大な生命体と考える。気は万物に生命を与えるものであるから、人間の身体の中にも流れている。そのルートが経絡《けいらく》であり、皮膚におけるその結節点が気穴《つぼ》である。[78]風水思想は、大地を疑似身体とし、その中を気がめぐっていると考える。そして、それが人間生活の吉凶の根源だとする。

大地に生命を与えている気が「地気」である。霊なる地気を特に「生気」と呼ぶ。生気は山に沿って流れるとされる。したがって山脈は巨大な生物であり、風水説では龍にたとえられ、「龍脈」と呼ばれる。龍脈は「祖山」という生気の源泉から発している。祖山は一般的には崑崙山と理解されている。祖山よりも近くにある山は「宗山」と呼ばれる。生気は龍脈に沿って流れるが、大地には生気が集中する場所がある。この地点を「(龍)穴」という。これは、経絡における気穴と照応する。風水の目的は、この龍穴をみつけだすことにある。そのてがかりとなるのが山水である。山や川が特定の配置を取ったところに生気が集中していると考えて、龍穴の位置を求めるのである。[79]

龍穴は図7のような場所に存在する。龍脈が龍穴に入ろうとする位置を「入首」といい、入首と龍穴との接合点にある小高い丘を「龍脳」あるいは「頭脳」という。龍穴の背後には「主山」があり、まわりは主山から発した龍脈がとりまいている。このうち、左をめぐるものを「青龍」といい、右をめぐるものを「白虎」という。龍穴のすぐ前にあって、龍穴に集積された生気の影響をもっとも受ける場所が「明堂」である。明堂は前方に向かってゆるやかに傾斜しており、その両側から水が流れて河川となり流出していく。明堂の前には、龍穴を守るための案山や朝山がある。[80]

このような場所に、都市や村落、寺院、住居や墳墓を営めば、大地の生気に浴することができる。風水思想の影響を強く受けた都市や村落の立地の典型例は、朝鮮半島にみられる。[81]また日本の平安京と風水説の関係も指摘されている。[82]沖縄では、「幼児が親の膝に座っている状態と同じく、村落民が御嶽の神に抱かれ、膝に座って腰を当て、何等の不安も感ぜずに安心しきって抛りかかっている」ような場所に村があるのがよいとされた。[83]このように背後が高くなっていて、それに包まれているような場所とは、風水説の吉地にほかならない。寺院に関して言えば、朝鮮半島の寺院は、朝鮮風水説の開祖である道詵《トソン》（八二七〜八九八）が風水を勘案して選定した土地に建てられたとされる。[84]

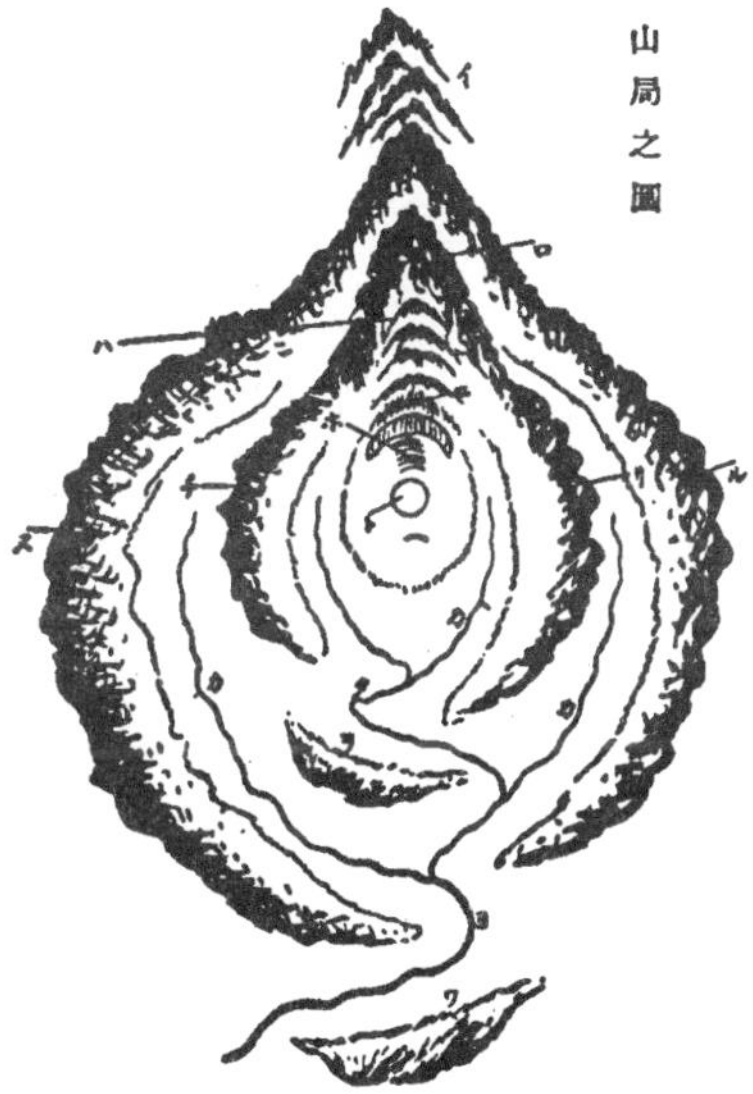

図7　理想的風水図
朝鮮総督府編、村山智順著『朝鮮の風水』（図書刊行会、1972）、p.17.

風水説では、生者の居住空間は「陽基」、その最小の単位である住居は「陽宅」と呼ばれる。これは、死者の住居（墳墓）である「陰宅」と対をなす。陽宅風水に関して言えば、たとえば台湾の客家の伝統的な家屋では、敷地の周囲の地勢は「背高面低」で、水流は左から右へ曲流し龍の形をなすのが最もよいとされる。また建物は、「堂《トン》」を中心として左右に「左横屋《ツオワンウ》」と「右横屋《ユウワンウ》」を配する。屋根は堂が最も高く、それぞれの建物では、各室の屋根の高さを同じにするか、前面ほど屋根を低くし、ここでも「背高面低」になっている。[85] このように中庭を囲んで三方に建物を配置するコの字形の「三合院」住宅は、福建省にもみられる。また、中国に広く分布する、中庭を囲んで四方に建物を配置するロの字形の「四合院」住宅も、福建省竜岩地区にみられる方形土楼や環形土楼も、包含空間を形成しているという意味で、風水にかなった空間となっている。[86]

もっとも、東アジアの各地では、陽宅風水よりも陰宅風水が重視されてきた。それは、穴《けつ》に墓を設ければ大地の生気により死者が安寧を得られ、さらにその骨を介して生気が子孫に感応し一族が栄えると信じられてきたためである。[87] たとえば沖縄では、墓の立地に関して、「腰掛けにすわっていると気分が楽になるように、地形も背後が腰掛けになるような場所を選ぶと良い」と言われる。[88] また、墓の形状も風水の理念を具現化したものとなっている。それが、福建省、香港、台湾、朝鮮半島、沖縄などにみられるΩ《オメガ》型の墓である。沖縄ではこのタイプの墓は亀甲墓と呼ばれ、図8のように、墓の内部にある骨壷安置棚が龍脳、墓口が穴、庭が明堂、左右の塀が龍脈に相当する。Ω型の墓は、全体として女性の下腹部を模したもの

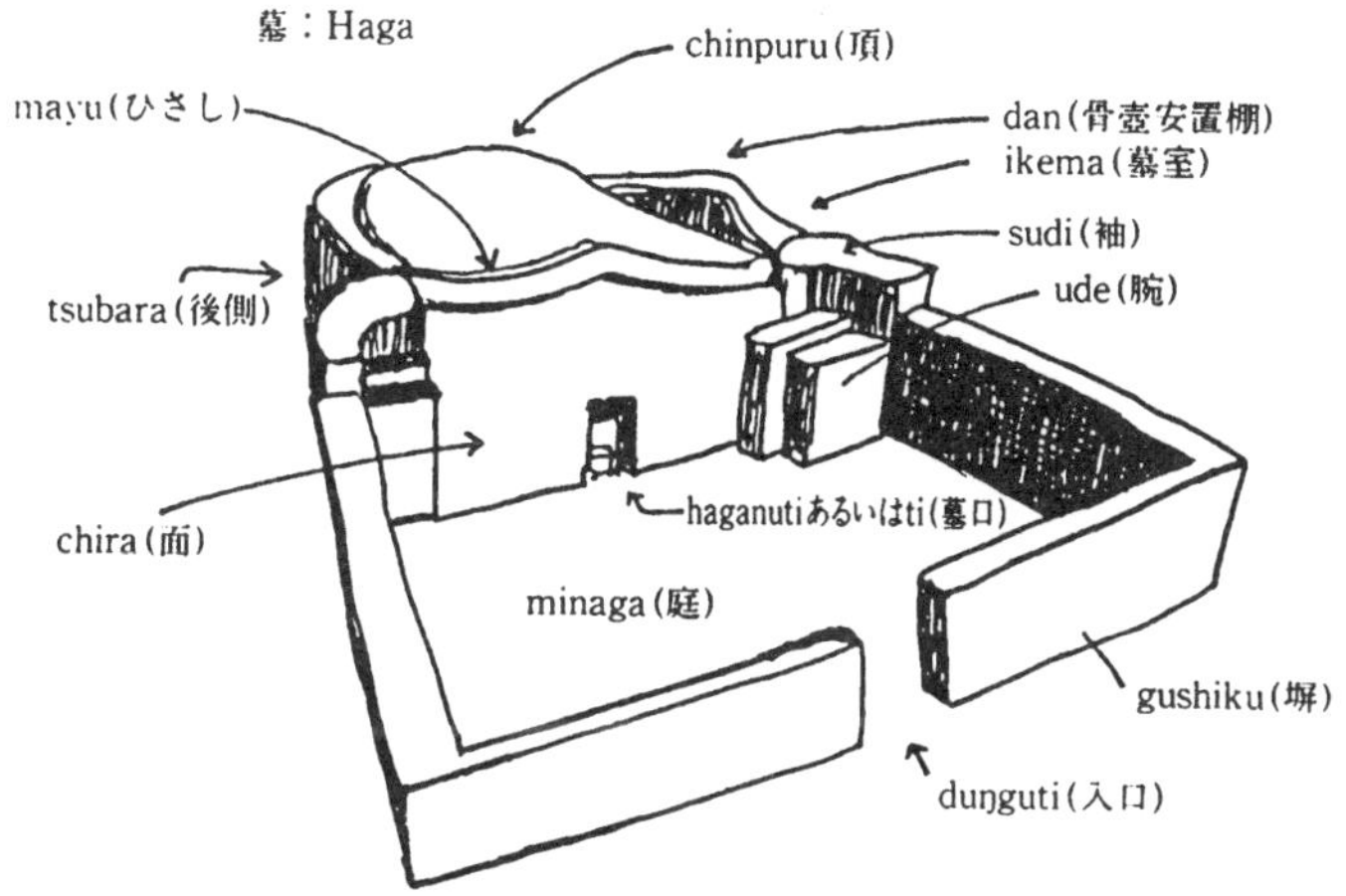

図8　亀甲墓の各部の名称
渡邊欣雄『風水――気の景観地理学』（人文書院、1994）、p.134.

とみなされている。[89] これは、包含的な空間が自然の生命力を直接的に表現している例であると考えられる。

風水説は、死者や神霊や生者が自然の好ましい影響のもとにあるように、墓や寺院や住居をどこにどのように造るべきかを示すものであり[90]、地上に向けられたその視線は水平的である。しかし、風水説が成立した背景には、宇宙的秩序を天と地の相関という観点からとらえる中国古来の宇宙論的「見かた」があった。風水説の元祖は、郭璞《かくはく》（二七六〜三二四）と言われる。『晋書』によれば、郭璞は五行、天文、卜筮《ぼくぜい》の術に秀れていた。五行（木・火・土・金・水）とは、天の五つの惑星（木星・火星・土星・金星・水星）が地上にはたらきかける際の代理者であり、天文は、日月星辰の運行として表れる天の文様のことである。卜筮の卜は甲骨を使った占い、筮は筮竹を使った易占《えきせん》であるが、すでに前漢（前二〇二～後八）の時代には、天の数的な秩序への認識に基づく易が卜を圧倒していた。これらの占星術的な知識の権威であった郭璞が、視線を天から大地に向け、葬地を占ったのである。

したがって、西洋の近代的な科学がキリスト教的な世界観の水平化によって生まれたように、風水説は宇宙論的「見かた」の水平化によって生まれたと言うことができる。それは、洛陽を都としていた西晋（二六五～三一六）が華北から江南に移り、建康（現在の南京）を都とする東晋（三一七～四二〇）となった時期と重なり合う。郭璞自身、その出身地は華北の河東（現在の山西省）であり、西晋の末期に江南へ移って、東晋王朝の将来の命数を占うなどした。華北の宇宙論的「見かた」が、人間を包み込む江南のアニミズム的な自然を発見し、その水平化された視線によって地上の「形勢」が対象化されたのである。中国では、自然の外部に立って、実験などによりその隠れた力を解明しようとする態度はまれであった。しかし、人間と自然の連続性を地上において見いだすことで、人間を含めた自然の内部から、風水説という自然学の体系を発展させた。その一部からは、宇宙論的「見かた」の強い影響が読み取れる。風水説の二大学派のうち、十一世紀の宋で興った福建学派は、天地の数的な秩序を重視し、羅盤（羅経）と呼ばれる円形の方位盤を頻繁に使う。それに対して、地勢判断を重視する学派は、形勢学派あるいは江西学派と呼ばれ、「山の多い南方の国ぐにでは、形勢学派の方が明らかに優位を占めている[91]」のである。

風景の発見

イバンのシャーマンや宮古島の神女によって語られ歌われる視覚世界は、「風景」ではない。それはシャーマンや神女の個人的な視点からの眺めではなく、共同体によって信じられている宇宙的秩序の一部である。その視点からの語りや歌によって、宇宙的秩序は更新され強化される。このような共同化された視線が、六朝時代（二二〇〜五八九）の中国において個別化=個人化されることで、「風景」が発見された。

中国語の「風景」は、風と光を意味する。その最も早い用例のひとつが三〜四世紀頃の『世説新語《せせつしんご》』に見える。江南へ渡ってきた人々が建康の郊外で酒宴を開いた際、周顗《しゅうぎ》が「風《かぜ》と景《ひかり》は変わっていないのに、みわたせばいずこも山や河には異なったところがある」と嘆き、人々は郷愁にかられて涙を流した[92]。この逸話は、六朝期の江南において、自然を眺める態度が生まれたことを象徴している。洛陽を中心とする都市文化の中で生活してきた貴族の視点により、北方の土地と同じ風と光のもと、江南の自然は異なった様相をあらわにする。それは、同時に彼らの内面を照らし出す。しかし、その内面は貴族の間で共有されたものであり、視線は未だ山水という自然の姿をとらえていない。視点の個別化による山水の「風景」の発見をもたらしたのは、風水思想とも関連をもつ道教的な世界観であった。

中国では、自然の「死と再生」の循環の法則を「道《タオ》」として確立した。そして、老子（前五〜六世紀頃?）や荘子（前四世紀頃）は、人間の生き方を自然の「道」と融合させることを説いた。「道」の在り方を体得し、天地自然の理に順《したが》うことを目指すこの老荘思想は、生死を超越した存在の可能性について考える神仙思想を胚胎していた。たとえば『荘子』には、そのような存在である神人や真人についての記述がある。その後、永遠に生きる者としての神仙を神々とあおぐ道教が成立すると、みずから神仙となるための実践に励む道士があらわれた。道教は、中国古来の巫術に老荘思想や神仙説などが重ね合わされて体系化された、「道」との一体化をめざす宗教である。[93] そして六朝期は、老荘思想が全盛となるとともに、道教が宗教としての形を整えた時期だったのである。

三浦國雄は、建康を都として江南に興った六朝期の道教的世界を形造る基本的な「場」として、宇宙・山（洞窟）・山中の修行者が構成する同心円構造を示している（図9）。三九九年の識語（書写の年月を記したもの）をもつ『紫陽真人内伝』には、次のような記述がある。

真人曰く、天の無はこれを空と謂い、山の無はこれを洞と謂い、人の無はこれを房と謂うなり。山の腹中の空虚、これを洞庭となし、人の頭中の空虚、これを洞房となす。[94]

これによれば、天（宇宙）・山・身体は、洞窟そのもの、あるいは洞窟を内包するものである。天地を巨大な洞窟と見なす観念は、道教的な宇宙創成論に反映されている。『雲笈七籤』（一〇一九）には、混沌の中に洞窟状の空間が生まれたことで宇宙が創成されたとある。山中の洞窟については、遅くとも四世紀末には、山中に神仙（＝永生者）の棲む洞天と呼ばれる別天地があるという観念が成立していた。身体の洞窟性に関しては、陶弘景（四五六～五三六）の『登真隠訣《とうしんいんけつ》』に、身体の内なる空洞に天上の宮殿があり、そこに神々が棲むという記述がある。[95]

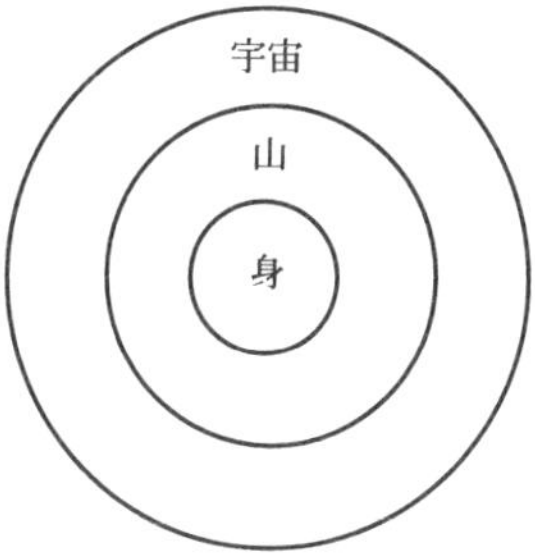

図9　道教的世界の基本的な「場」の関係
三浦國雄『中国人のトポス』（平凡社ライブラリー、1995）、p.103.

このように、宇宙はその空洞の中に山を包み、洞窟を擁する山はその空洞の中に道士の身体を包んでいる。そして、道士の身体内には、宇宙全体へと反転しうる空洞が存在する。道士は、洞窟あるいは洞窟のようなイメージの山中という包含空間に包み込まれることで、自分の身体を宇宙に同調させようとする。このような一体化は、「存思」と呼ばれる内観によって可能となる。[96]「道士は目をとじて、外物を見ることをやめる。こうして目の光（両目は太陽と月である）は体内にひろがって、これを照らす。……ついに神々を精密、正確に見るようになる[97]」。存思によって、身体の内部世界はありありと目の前に立ち現れ、自己と外界との境界が消失して、宇宙と一体化することができるのである。

このような一体化が可能なのは、修行者が宇宙・山（洞窟）・身体の入れ子構造の一部として、宇宙の包含関係の内部に入り込んでいるからである。身体の内部世界は、洞窟や洞窟のような山中、さらには宇宙全体といった外部世界と同型であるからこそ、外へと反転させることができる。そのために、洞窟や洞窟のような山中は、宇宙すなわち「道」との合一をめざす上で、理想的な場所として思い描かれることになる。ここにおいて山水が、観照の対象となる。理想郷としての山水が、六朝時代の「遊仙詩」や山水画の重要なテーマとなったのである。包含的な山水空間を理想の地としてとらえる観念は、風水思想にもつながっている。山水判断を重視する風水思想の基礎ができたのは三世紀であり、その元祖と言われる郭璞《かくはく》は、遊仙詩で次のように歌ったのである。

京華《けいか》は遊侠《ゆうきょう》の窟《くつ》、
山林は隠遯《いんとん》の棲《せい》。
…………

霊谿《れいけい》　潜盤《せんばん》す可《べ》し、
安《いず》くんぞ雲梯《うんてい》に登るを事《こと》とせん。

帝都は遊び人のたまり場、山林は隠者の住むところ。……渓谷に身をひそめて悠々と過ごせるなら、なんでことさら栄達のためにあくせくすることがあろう。[98]

理想郷を求める視線の対象となった山水は、詩、庭園、山水画などに表現され、それがまた山水のイメージに一定の型を与えていくことになった。そのイメージとは、風水説の吉地のように、一方は狭い山峡に通じ三方が山に囲まれている「ひさご形」[99]の空間である。陶淵明（三六五〜四二七）の「桃花源記」に描かれた理想郷である桃花源も、そのような空間である。[100]ある男が、谷川をさかのぼったところにある山の小さな口から中に入ると、「初《はじめ》は極めて狭く、纔《わず》かに人を通すのみ。復《ま》た行くこと数十歩、豁然として開朗なり」とあるように、からりと開けた土地が広がっているのである。包み込まれた空間は、庭園としても造形された。それまでの庭園は、いわばコスモスの縮図であり、蓬莱山などの東海の神山をかたどった築山を作り、大きな池を設けて、皇帝たちの狩猟用の獲物を放し飼いにするものであったが、[101]六朝期には人目につかないひっそりとした庭園が作られるようになった。陶淵明の

「帰去来兮辞《ききょらいのじ》」に描かれた庭が、その代表的なものである。

扶老《ふろう》を策《つえつ》きて以て流憩《りゅうけい》し、
時に首《こうべ》を矯《あ》げて遐観《かかん》す。
雲は無心に以て岫《みね》を出《い》で、
鳥は飛ぶに倦《あ》きて還るを知る。
景《ひ》は翳翳《えいえい》として以て将に入《い》らんとし、
孤松《こしょう》を撫でて盤桓《ばんかん》す。

杖をついて気ままに歩きまわったり、立ち止まったり、時に頭をあげて遠くを見わたしたりする。雲は山の峰から自然とわきいで、鳥は飛び疲れてねぐらにもどっていく。あたりがほの暗くなって夕日が沈もうとしているが、こんな時は、ひょろりと立った一本松をなでながら、いつまでも立ち去りがたい。[102]

山水画が描こうとしたのも、このような俗世間から離れた、人を包み込むような場所であった。そしてそこは、道教的な神々の棲む場所でもあった。初期の山水画についての記録として重要な顧愷之《こがいし》（三四四～四〇八？）の『画雲台山記』には、そのような風景の描き方が述べられている。顧愷之は道教に傾倒しており、その中でも五斗米道とも呼ばれる天師道の信者たちと広く交友していた。[103]『画雲台山記』の中で、顧愷之はいかにして道教的な風景を描くかについて、次のように述べている。

山の峰を抱えるように岩を屹立させるいっぽうで、上と下に、重なり合う山々を配置したい。この風景を見る人々をして茫然と仰がしめ、そこにのぼるがごとき思いを抱かせるであろう。

……

渓谷はたがいに接近させ、双壁のあいだにはさまれているように描けば、悽愴にして澄清、いかにも神明の居にふさわしくなろう。[104]

この険しく切り立った山の狭間に渓谷がある風景こそ、典型的な山水画のモチーフである。そして、それを眺める者の心は、描かれた世界に入り込むことができるとされた。これは、中国史上初めての純粋な山水画家とされる宗炳《そうへい》（三七三～四四三）の言葉に示されている。張彦遠《ちょうげんえん》の『歴代名画記』（八四七）によれば、宗炳は昇進を断って、田舎に隠遁し、絵を描いたり琵琶を奏でたりしながら、浙江の山中をさまよい歩いた。年をとり名山を歩くことができなくなると、郷里の家にひきこもり、その画室に壁画として再現された風景を眺めていた。[105] 宗炳の著とされる『画山水序』には、眺める者と描かれた風景の関係が次のように述べられている。

そもそも、目に反応したものを心でとらえることで真理に到達できるとすれば、巧みによく似せて描かれた絵は、目に反応し、心もまたとらえることができる。こうして神に感応すれば、精神は高揚し、真理も体得される。……かくして私は閑居して気を整え、觴《さかずき》をきれいにぬぐい、琴をかき鳴らし、自分の絵をひろげ、ひっそりとながめ、座して世界の果てに思いをめぐらせるのだ。[106]

ここには、風景と向き合う個人がいる。宗炳は心の中で、「一人ぽっちで無人の野に対峙する。そこには峰と崖が高くそびえ、雲林は果てしもない[107]」のである。

このような視線は、しっかりとした遠近感に支えられている。『画山水序』には、「いま私が絹の画布をひろげ、はるか遠景を描くと、崑崙山でさえも、一寸四方の空間のなかにかこむことができるのだ[108]」とあるように、枠に絹を張り風景を透かし見て、その上に絵を描く法が説かれている。これは遠近法の一種である。中国の遠近法は、やがて「三遠」と呼ばれる構図上の基本形式としてまとめられるに至る。三遠とは、高遠・深遠・平遠をいい、北宋中期（十一世紀）の郭熙《かくき》がその山水画論である『林泉高致』（子の郭思が筆記し編纂）の中で説いた、視点の位置によって異なる三つの構図形式である。高遠は山を下から見上げる形式であり、深遠は俯瞰によって見渡す形式である。平遠は地平線を低くとらえる形式であり、西洋風景画の構図に近い。しかし、山水画では、視点がひとつに固定され、そこから見えるものだけが描かれるわけではない。視点は、画面においてたえず移動している。[109] 山水画では、視点が対象に没入することが重要なのである。『林泉高致』は、そこに骨を埋めても後悔しないほどの理想郷を描いた山水画を最高としている。山水は、単に眺める対象ではなく、包み込まれるための空間なのである。

第三章　宇宙論的「見かた」

宇宙論的「見かた」では、知覚世界としての環境の内部に視点があり、視線の方向は垂直性をもつ。人間は、天・地・地下からなる垂直的な秩序をもった宇宙《コスモス》としての環境に包み込まれている。これらの三層は相互に結びつけられており、その垂直的な方向に沿って、人間も含めた自然の「死と再生」の循環が見られる。自然の領域としての異界は、神的な存在の領域でもある。水平方向ばかりでなく垂直方向にも広がる自然＝神と人間の包含関係を図10に示す。

宇宙論的に構成された環境において、天空は基本的に大地を覆う天蓋やドームとしてとらえられる。天蓋やドームの上には天上世界がある。天上世界の対極には地下世界が存在する。天上・大地・地下は、平面の重なりとしてとらえられる場合もある。また、天や地下は、その奥行きを強調するためにしばしば多層化されている。これらの階層は、宇宙軸《アクシス・ムンディ》と

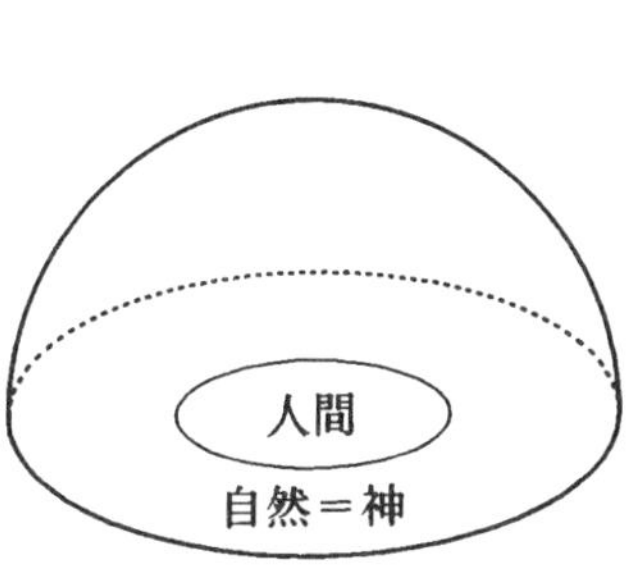

図10　宇宙論的「見かた」における人間・自然・神の関係

しての樹木、山、柱などによって結びつけられている。

階層をもつ宇宙では、大地に人間が住み、天や地下には神や精霊が存在する。最上天には、一般的に至高神＝創造神が住む。死者は、宇宙軸などを通って天あるいは地下へと移動する。天や地下には、祖先の世界があるとされることも多い。祖先がかつてこの世界に移動してきたように、死者も他界へと移動するのである。また、シャーマンのように生者の霊魂がこの世と異界を往来する場合もある。

これらの移動は、水平成分をもつことがある。それは、垂直的な秩序の水平方向への投影として理解できる。方向を定める基準となるのが川や山や海である。川の上流や山は「上」の方向であり、そこが天との接点となる。逆に、川の下流や海は「下」の方向であり、そこは地下世界へとつながっている。また、天の秩序は、太陽の移動や北極星によって定まる基本方位によって地平に投影されることも多い。東西南北は天の基本的秩序であり、それを大地において定位することは天の秩序を引き写すことである。東は太陽の昇る方向、西は沈む方向、南は北半球では太陽の南中の方向、北は北極星の方向であり、それに対応して東は上方、西は下方を暗示する。また太陽が最も高い位置を占める南は、上方や天の中心を含意しており、北は、南の反対方位という意味では下方、天の不動点である北極星の方向という意味では宇宙の中心とされる。

異界としての天や地下がこの世界と連続しているということは、地上世界における自然の「死と再生」の循環が、宇宙的な秩序として垂直方向にも成立しているということである。大地を離れた霊魂が、垂直的に移動することで、「死と再生」の循環にかかわる。死者の霊魂は、天や地下にある他界で祖霊となり、この世界における生命力の再生を見守ったり、あるいは直接この世界に戻ってきて生まれ変わる。また、シャーマンの霊魂が肉体から抜け出て異界へ赴き、霊魂を導いたり、神々と交渉することで、この世界の秩序を再生しようとする。すなわち病人を治したり、霊魂の転生に手を貸したり、獲物の減少や農作物の不作を元の正常な状態に戻そうとするのである。

高文化地域では、宇宙の垂直構造が王を頂点とする社会構成の根拠となることで、宇宙論的「見かた」が発達した。王は天と結びついた存在であり、その結びつきは、宇宙創成神話や、天地をつなぐ祭壇や墳墓など、さまざまな宇宙論的装置によって示された。宇宙に内在する生命力の「死と再生」の原理は、古代のギリシアや中国において自然論としてまとめられた。また、宇宙的秩序が都市として再現された。それは、宇宙に示される安定した秩序を地上に構築することにほかならなかった。

オセアニア・東南アジア

メラネシア南部では、ニューカレドニア島でみられたように、生者の世界と異界が一体化しているが、メラネシア北部では「人間たちの物語は、地下、地上そして上界の天といった広い世界で展開する」[1]。ニューギニア島ヒューオン湾のブサマ族は、自分たちの地域は皿を裏返しにしたような世界の真ん中であり、「ヤシの葉のように固い」天の丸天井に覆われていると考えている[2]。同じくニューギニア島のフライ川河口地域に住むキワイ族にとって、天・地・地下の三層の世界は家の柱によって象徴的に結びつけられている。柱の根元は地下界にのびており、柱の頂は天に触れているのである[3]。

ポリネシアやミクロネシアでも三層の世界が基本である。ただし、ポリネシアでは、天に十層あるという観念が共通してみられる[4]。トゥアモトゥ諸島の宇宙論によると、中央底部にはテ・トゥム（「源泉」）の釣り針型の象徴と、テ・パパ（「地層岩」）を象徴している黒く平らな部分がある。その上部には十の水平な層があり、各層は天弧をもち、十番目の空に至高神タンガロアがいる[5]。ポリネシアでは、死者の世界は地下にあるとされていることが多い。地下への入口には、しばしば特別な木（宇宙樹）が生えている。たとえば、ニュージーランドのマオリ族の霊魂は、北島の最北端のレインガへの道を通り、長く垂れ下がった根を伝って

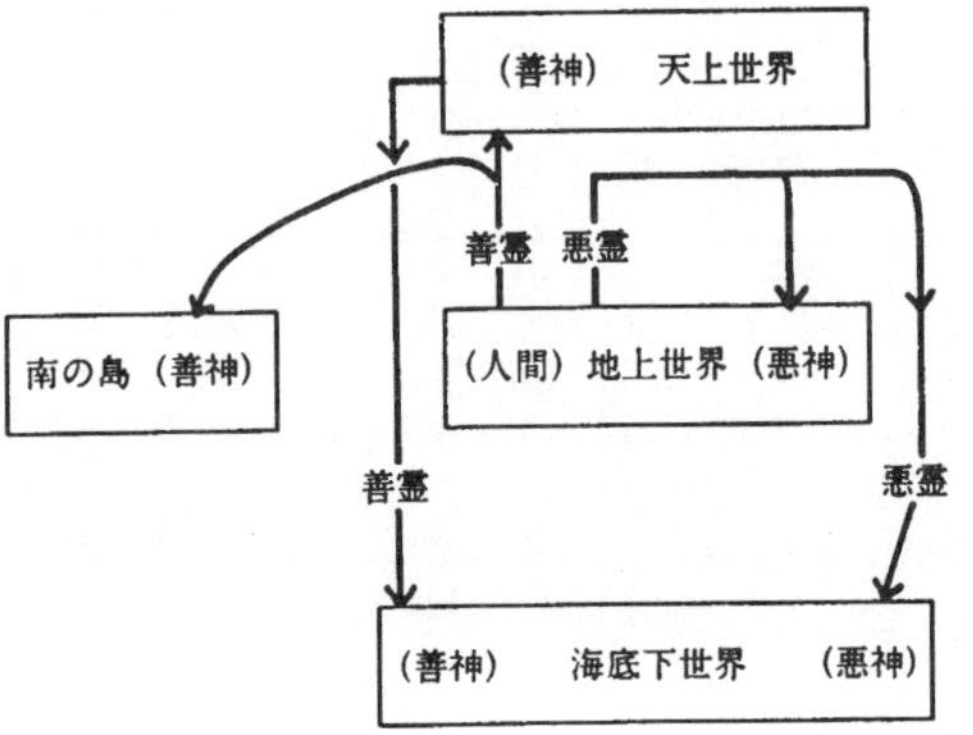

図11　サタワル島民の死霊の移動と世界観
須藤健一『母系社会の構造——サンゴ礁の島々の民族誌』（紀伊国屋書店、1989）、p.183.

地下の国へ至るのである。[6]

ミクロネシアに属するサタワル島では、宇宙は天上世界・地上世界・海底世界の三層からなる垂直構造をもつ（図11）。須藤健一の報告によれば、天上世界には、アヌゥ・ナップ（大神）という創造神とヌーカィナン（天空の中央神）が住むとされる。人間の霊魂（グゥン）は、死によって死霊（グゥヌサ）になり、天上世界に向かうと信じられている。天上世界は、食糧に恵まれ、争いや嵐もない、この世を理想化した世界である。そこには善神（アヌゥ・フィル）がいて、死霊を天上世界へと導く。しかし、天上世界へ昇る際に、悪神の呼びかけに答えると、死霊は悪神の住む場所に留まる。そこは、生者の住む島の森の中である。また、悪神と善神が共存しているファニイ・ノンと呼ばれる海底下の世界へ行く霊魂もある。さらに、他界として善神の住処である「南にある島」（アユル）が存在する。[7]

サタワルでは、人間の死霊（グゥヌゥサ）は、生前の行為と死に方に従って、善神（アヌゥ・フィル）あるいは悪神（アヌゥ・プゥット）となる。善神は天上世界へ昇り、シャーマンの守護霊を除けば、生者の前に姿をみせることはない。このような善神は、「隠れた人の神」（アヌゥ・ソウトゥプ）と呼ばれ、祖霊とみなすことができる。祖霊は、地上の墓地に横たわっている死骸を通じて一族の行動を天上世界から見張っており、社会的規範を破る者がいると罰を与える。一方、悪神は人々の前に姿を現し、生者に悪事をはたらく。ある人の死霊が悪神となったことは、シャーマンに憑く守護霊（善神）によって人々に知らされる。シャーマンは、悪神を封じ込め、地上に出現しないように、呪薬と呪文による悪神払いの儀礼をおこなう。[8]

オーストラリアの先住民であるアボリジニの宇宙観によれば、大地は平らであり、その上を固い天蓋が覆っている。[9] 宇宙の縁である地平線まで行くと、無限の空間に落ちる危険があるとされる。[10] 部族によっては、大地のまわりを水が取り巻いているという観念も見られる。オーストラリア南東部には、かつて空は大地とくっついていたが、カササギが長い棒で持ち上げたという神話がある。また、空は北東の山の上にある柱によって支えられているとも言われる。空の向こう側には、この世と同じように木が生え川が流れている別の世界があり、霊的な存在が住んでいる。[11] この天界には、食物、雨風をしのげる場所、水が豊富にある。[12] オーストラリア東部の広い地域と、西部および北西部の一部では、死者の霊魂は天界へ行き、神話的存在とともにそこで暮らすと信じられている。[13]

天界に住む神話的存在の多くは、「創造の時代」（ドリーミングあるいはドリームタイムとも訳される）に大地に住んでいた。彼らは、外見はさまざまな動物であるが人間のようにふるまう巨大な半人間であり、地形的特徴の何もない平原を歩き回った。そして、その経路上のところどころで、今のアボリジニがするのと同じように、火をおこし、水を求めて穴を掘り、儀礼を行ない、互いに闘ったりした。これらの行為の結果、その場所に山脈や丘や川などが造られた。また、彼らのからだが岩となって残された場所もあった。大地の地形的特徴を造り上げたこれら創造者は、同時に部族の先祖でもあり、アボリジニは自分たちの先祖と同じ姿の動物をトーテムにしている。[14]

東南アジア島嶼部のスラウェシ島の内陸高地に住む水田農耕民トラジャ族の宇宙は、天・地・地下の三層に分かれ、各層はさらにそれぞれ十二（地域によっては七）の層をもつ。[15] 山下晋司の報告によると、トラジャ族の天界は、祖先の国であるとともに死者の霊が行く場所でもある。葬礼の際にうたわれる葬歌では、祖先は天から「虹（あるいは稲妻）を道として」南の海洋上にあるとされる神話的な島ポンコに降りたあと、サダン川を北上して村にたどりついたとされる。一方、死者の霊は南へと向かい、バンバ・プアン（「神々の扉」）と呼ばれる境界を抜けて「死者の国」（プヤ）で祖先たちと巡り会う。そこから彼は祖先たちとともにさらに南へ、ついで今度は西の「太陽が沈む」方へと向かう。するとそこには高いヤシの木が立っており、そこから彼は天へ昇って行くのである。[16]

トラジャ族は、祖先が天界から川を北上して村にたどりつき、また死者は川を南下して天界へと向かうと考えているため、「川上＝山」と「川下＝海」を基本的な方位としている。これは南北軸と一致しており、「北へ」という運動方向をあらわす語は、「上へ」という語としばしば置き換えることができる。祖先がめざした北は、前方を含意し、生と結びついている。逆に南は後方であり、死と結びついている。そのため家屋は必ず北面し、住居空間の北側は来客接待などの公的な空間として、南側は寝室などの私的な空間として用いられる。また、死者は南枕に置かれる。このような南北軸に対して、東は生にかかわる儀礼の方向であり、西は死にかかわる儀礼の方向とされる。[17]

トラジャ族の死者儀礼においては、供犠が重要な役割を果たす。これは石灰で印を付けて聖別した水牛や豚を殺害して解体し、その肉を分配するというものである。[18] トラジャの供犠は、自然の生命力を再生するためのものと考えられる。それを示すのが、船形の伝統家屋トンコナンの前面につけられているパカティックと呼ばれる彫刻である。パカティックは、水牛の頭から長い鶏の首が伸びている像である。供犠獣である水牛は、死を表す。また、鶏の首の部分には、タバンという植物の若い芽を象徴したパロロ・タバンと呼ばれるモチーフが彫られており、これは生を象徴している。タバンは、儀礼歌において「そこを通って神々がやってくる」と歌われているように天と地をつなぐ宇宙樹であり、病気の治癒儀礼に使われ、厄よけに植えられることもある「生命の木」である。したがって、パカティックは、死が宇宙樹＝生命の木を経て生へと転ずることを表現している。[19]

供犠をともなう死者儀礼により、死者の霊魂は、西方の高いヤシの木をつたって天へ昇り、星座（大熊座あるいはすばるとされる）に受けとめられて、そこを最終的な居所とする。霊魂は垂直的に移動することで、自然の生命力の再生と結びつく。子孫たちは毎年の稲作の開始にあたって、星を観察し、稲作に必要な雨期の到来を知るのである（「種をまくとき、われらは彼を見るだろう。苗を植えるとき、種を蒔き散らすとき、われらは彼を見るだろう」[20]）。稲はトラジャにとって生の源泉・基盤であり、人間の死は、その稲の再生と垂直的・間接的に結びつけられているのである。

東南アジア大陸部でも垂直的な宇宙が信じられている。西南中国から北部タイにかけて分布するミャオ族の宇宙は、天上・地上・地下の三界からなり、地上界と天上界は山の上から伸びた十二段の梯子（あるいは橋や宮殿）によって結ばれている。この宇宙軸を、死者やシャーマン＝祭司の霊魂が移動する。シャーマン＝祭司は、病人の遊離した霊魂を探したり、死者の霊魂を誘導するのである。ミャオ族には、人間がひとつの霊魂をもつという観念と、三つの霊魂をもつという観念がみられる。一霊魂型の霊魂観では、人間は不死の霊魂（プリ）

をひとつもつ。生命原理としての霊魂が、身体から遊離して道に迷ったり、悪霊に誘拐されると病気になる。霊魂が戻れなくなった状態が、死である。死者の霊魂は自分の住んでいた家で現世の者たちと同居し、生まれてくる子どもの身体に入り込んで、その子どもの霊魂となる。三霊魂型の霊魂観では、死んだ人間の三つの霊魂が、天上界・地下界（墓）・地上界（家）にひとつずつ行く。再生するのはやはり、家にとどまった霊魂である。天上界と地下界に行った霊魂は、祖先祭祀の対象となるのである。[21]

北ベトナムの紅河・黒河流域を中心に分布する黒タイ族の宇宙は平坦な三層からなり、上に天の世界、真ん中に地上の世界、下に小人の世界がある。天は円形をしており、その縁は地上の高い山と結びついた「天の足」によって支えられている。天の足には通路が多数あり、神々や死者の霊魂やシャーマンなどが通ることができる。侮辱された神は、生者の霊魂をとらえて病気を引き起こす。シャーマンは、自らの身体から霊魂を離し、守護霊とともに病人の霊魂を探しに行き、侮辱された神に供物を約束して病気を治すのである。[22]

北ユーラシア

古くからの狩猟文化を受け継いでいる北ユーラシアの諸民族は、アルタイ系（チュルク語派、モンゴル語派、マンチュー・ツングース語派）、ウラル系（サモイェード語派、フィン・ウゴル語派)、古アジア系に分けられる。これらの民族の宇宙は、上・中・下の三層からなる世界が基本であり、上界や下界はしばしば多層化されている。一般的に上界は、至高神をはじめとする神々の領域である。たとえばチュルク語派のトゥヴァ族によれば、天界は三十三層もしくは九層からなり、そこには創造神ブルハンが住むとされる。[23] 古アジア系のアイヌの宇宙では、天空は「下天」と「上天」の二つに分かれる。また神謡には、「六重の天」という表現もみられる。アイヌの神の世界は「上天」にあるとされるが、「熊の神」は、人間の村々を流れる川を溯った水源の霊山の上、「下天」の空に接するところに住んでいる。[24] そのためアイヌは、川上/川下の二方向を方位の基準とし、川上を神聖な方向とみなす。[25] 垂直的な宇宙は、しばしば宇宙樹や宇宙軸によって貫かれている。サモイェード語派のネネツ族によれば、至高神の住む天界には七層あり、地下界も氷の七層に分かれている。[26] そして、天の七層に対応して、七つの枝をもつ樺の木が宇宙樹とされる。[27] 古アジア系のチュクチ族は、天と地下で対称的な五、七、あるいは九層からなる宇宙を信じており、天頂の北極星が世界の中心である。多層の世界はすべて北極星の下に位置する穴によってつながっており、シャーマンはそこを移動するのである。[28]

北ユーラシアでは、人間に複数の霊魂があり、死ぬと一部の霊魂が垂直的な宇宙を移動するという観念が広くみられる。チュルク語派のヤクート族によれば、宇宙は上・中・下の三層からなる。「上の世界」は七層あるいは九層に分かれ、至高神＝創造神であるウルン・アイー・トヨンをはじめとする善霊アイーが住む世界であり、下の世界には悪霊アバースが住む。この垂直的な秩序は、基本方位に投影されており、東と南が善霊アイーの領域であり、西と北が悪霊アバースの領域で、善霊の支配者ウルン・アイー・トヨンは東の空、悪霊の支配者は西の空に住む。一方、霊魂観は次のようなものである。人間は「大地の」霊魂、「母の」霊魂、「大気の」霊魂の三つの霊魂をもつ。「母の」霊魂は人間が生まれたときからもっているものであり、人間の個性や運命を決定し、変化することはない。これに対し、「大地の」霊魂と「大気の」霊魂は人間の成長とともに備わり、変化するものである。「大地の」霊魂は人間の健康や身体の発達と関係し、「大気の」霊魂は知性や理性といった人間の精神活動と関係する。「大地の」霊魂が人間の体から抜け出ることは死を意味するのに対し、「大気の」霊魂は人間が眠っているときに抜け出すことがある。人間が死ぬと、三つの霊魂のうち「母の」霊魂は「上の世界」に戻り、そこに留まり、再び「中の世界」に生まれ出る時期をうかがう。「大地の」霊魂は死体とともに土に帰り、「大気の」霊魂は再び大気となる。妊娠とは、天上の最高神ウルン・アイー・トヨンが「母の」霊魂を「上の世界」から「中の世界」へ送ることで生じると考えられているのである。[29]

死者の霊魂の再生には、シャーマンが一定の役割を果たすことが多い。北ユーラシアでは、シャーマンの霊魂がその身体を離脱して異界を訪れるという脱魂型のシャーマニズムが盛んである。シャーマンは、死者の霊魂を導くために、天界を飛翔したり、下界に潜ったりする。ツングース・マンチュー語派のエヴェンキ族は、聖なる氏族山の上に生えている宇宙樹の観念に象徴される、垂直的な宇宙観をもつ。宇宙樹の根は下界を、幹は中界を、梢は上界を表している。梢にあたる上界にはまだ生まれていない氏族仲間の魂が鳥の姿で住んでおり、幹にあたる中界は人間、根にあたる下界は祖霊と獣の姿をした諸霊の領域であると考えられている。[30] このような垂直的な秩序は、それぞれの氏族河に投影されており、上流では将来この世に現れる魂が大きな天幕に住み、中流は生者、下流は死者の世界であるとされる。エヴェンキ族によれば、人間は三つの魂もしくは「分身」を持っている。第一はハニャンで「影魂」あるいは「鏡像魂」という意味であり、第二はベイェンで「肉体魂」という意味である。第三はマインで「運命魂」を意味する。影魂のハニャンは、生きている人間が夢を見たり脱魂状態の時にその肉体を離れることができる。肉体魂のベイェンは、常に肉体の中にある。運命魂のマインは、氏族河の水源にいる。エヴェンキ族の死者は、森林の中に作られる葬台の上に置かれる。この台は死者の「いかだ」とか「舟」と呼ばれる。遺骸が骨になると、シャーマンの霊魂は肉体魂ベイェンをいかだに乗せ、見張り霊の老婆たちのそばを通り過ぎ、氏族河の河口へ向かう。そこで、亡くなった者たちの住処に向かって呼びかけ、運んで来た死者を引き取ってほしいと頼む。老婆(冥府の首長)が家から現れ、一族のひとりに死んだばかりの者を受け取らせる。シャーマンは生者の住む中界までもどると、見張り霊に通路を閉じさせる。一方、影魂ハニャンは、死後は見えなくなる。それは新しい性質を得て、オーミー(「成る」「生ずる」を意味する)と呼ばれる。オーミーは氏族河の水源まで登り、そこでこれから生まれることになっているオーミーの住居オーミールクに滞在する。オーミーとなった影魂ハニャンは、機会をみつけてオーミールクを出て、生者たちの住処に飛び、天幕の煙出しの孔を通ってかまどの中に降りる。ハニャンは人目につかないようにして、かまどの中からこの家の主婦の胎内に入り込む。すると、その女性はやがて子を産むのである。[31]

古アジア系のニヴヒ族においても、同様の霊魂観がみられる。ニヴヒ族の宇宙は、「上の世界」「中の世界」「地下の世界」からなり、「中の世界」は、人間の居住地、山・森の世界、水の世界に区別される。そして、すべての世界には主《ぬし》がいると考えられている。[32]人間の霊魂は主霊魂と小さい霊魂とで構成され、後者は二つある。二つの小さい霊魂は影であるとともに助力者であり、主霊魂の頭に座を占めている。夢は小さい霊魂の働きである。人が亡くなると、小さい霊魂は、死者のお気に入りの犬の中に入りこむ。主霊魂は、地下にある「死者の村」へ行く。そこは地上の世界とそっくりであり、霊魂はこの世と同じ暮らしを送る。また、霊魂は山・森の主あるいは海の主によって母親の子宮に送りこまれると信じられている。[33]

霊魂をもつのは人間だけではない。北ユーラシアのように、古くからの狩猟文化が保存されている地域では、人間ばかりでなく他の動物も不死の霊魂をもつとされる。狩猟民は、動物を殺さなくてはならない一方で、その再生を願うというジレンマに陥っている。これを解決しているのが、不死の霊魂と死すべき肉体という二元観である。[34] 肉体から分離した霊魂は自然の領域へと帰還し、それによって動物たちは地上に再生されると考えるのである。ただし、動物の死に対して、人間は何らかのかたちで自然へお返しをしなければならない。人間世界と自然の領域との関係は、終わりのない相互交換としてとらえられている。たとえばニヴヒ族では、水の主は魚や海獣を人間に贈り、人間はお返しに果実を贈る。森や海の動物は、ニヴヒのもてなしに対する二つの世界の主からのお返しなのである。[35] 人間世界から自然への返礼の儀礼として代表的なのが熊祭である。ニヴヒ族の熊祭は、狩猟で熊をしとめた時と、飼い熊を殺す時に行われる。熊の肉は、頭部を除いて、招待された客の間で分配され、頭骨などの骨や革紐などは、特別な小屋に移される。熊の魂は儀礼食をみやげに、犠牲の犬やイナウ（棒状の祭具）に導かれ、山・森の主のもとに旅立つ。熊は仲介者として、犠牲の犬や食物などの贈り物を主のもとに届けるのである。[36]

南北アメリカ

南北アメリカでも、環境に対する宇宙論的「見かた」が広くみられる。大地は海に囲まれており、ドーム状の天空におおわれている。北アメリカ北西海岸のユロック族によれば、水に囲まれた大地を固い天蓋が覆っており、それは上がったり下がったりするため、すきまから空の上の世界に行ける。[37] 大平原のアラパホ族の大地は、円盤状で水に囲まれており、亀に支えられている。空は固い半球の天蓋で、やはり上下に移動する。[38] 天界や地下世界はしばしば多層化されている。たとえば、図12に示すパナマのクナ族の天には八つの見えない層があり（A）、地下にも八つの層がある（B）。コロンビア北部のコギ（カガバ）族によれば、世界は上向きの大きな卵であり、その中に九層の大地がある。[39] 南アメリカ中央部の大平原チャコに住むチャマココ族の宇宙は、大地の上に二層（あるいは五層）、下に二層ある。[40]

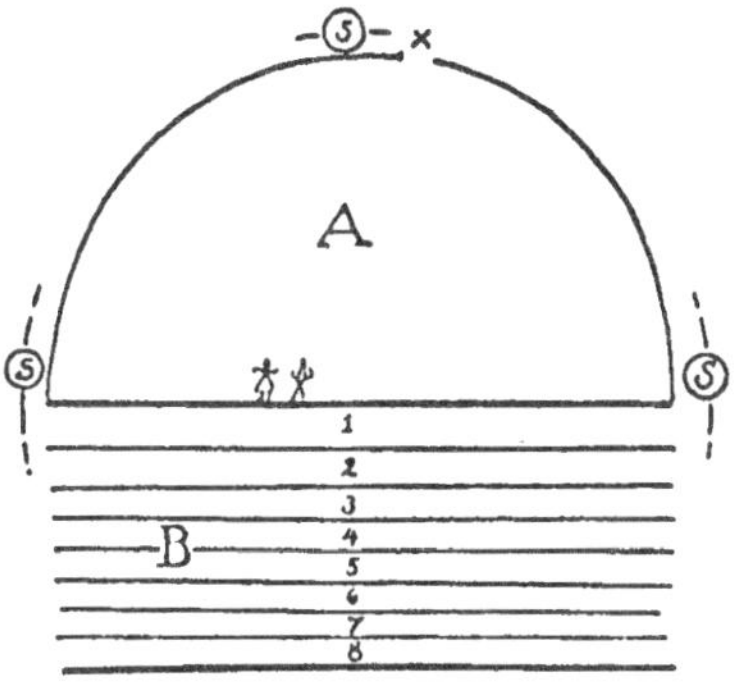

図12　クナ族の宇宙観
xは天の穴である。
Nordenskiöld, Erland, "An Historical and Ethnological Survey of the Cuna Indians," *Comparative Ethnographical Studies*, Vol.10 (1938), edited by Henry Wassén, HRAF Files, SB5 Cuna, Source No.1, p.357.

天上世界は一般的に神や精霊の領域である。死者の霊魂は、天上世界もしくは地下世界へ行く。ブリティッシュ・コロンビアのベラ・クーラ族によると、宇宙は五層からなる。大地は平らで円形であり、海の中をただよう島である。空はこの世界を覆うドームである。空の上に二つの平らな層があり、上天界と下天界に分かれる。地下世界も二層に分かれる。上天界はカマイツ（我らが女）という名の至高の存在によって支配されている。そこへは、空にある穴を通るか、あるいは下天界から川をさかのぼることで行くことができる。二層ある地下世界は死者の領域であり、上の層はベラ・クーラ谷のすぐ下にあって、死霊は人間の世界へ戻れるが、再び死んで海の底にある下の層へ行った死霊は、人間の世界には戻れない。垂直的な秩序は基本方位とも結びつけられており、東と南が上の方向である。上天界に住む至高神カマイツの家は東にあって、そこが宇宙の頂上とされる。下天界の中心は太陽の南中方向である。西は宇宙の底であり、鮭の国がある[41]。オリノコ川上流部に住むヤノアマ族によれば、世界は四層からなる。それぞれの層は、逆さになった皿のようであり、ゆるやかに傾斜し、薄く、円形で、裏と表という二つの表面をもつ。上から三番目の層の表側が地上であり、二番目の層の裏が空である。二番目の層の表（空の上）にこの世の複製があり、死者の魂が永遠に住む。最上層は、今は何の役割も持っていない。最下層には荒れ地が広がり、霊的存在が住む村が一つだけある。彼らが地上に送り出す精霊は、子どもたちの霊魂をつかまえて食べてしまう[42]。オリノコ川河口に住むワラウ族によれば、大地は川に削られた部分をもつ薄い平らな円盤で、宇宙水の上に浮いており、天空はベルのような形をしている（図13）。宇宙軸の足元を、四つの頭をもった蛇が囲んでおり、天頂の北東側には、先祖のシャーマン夫妻や創造神が住む卵が置かれている。[43]

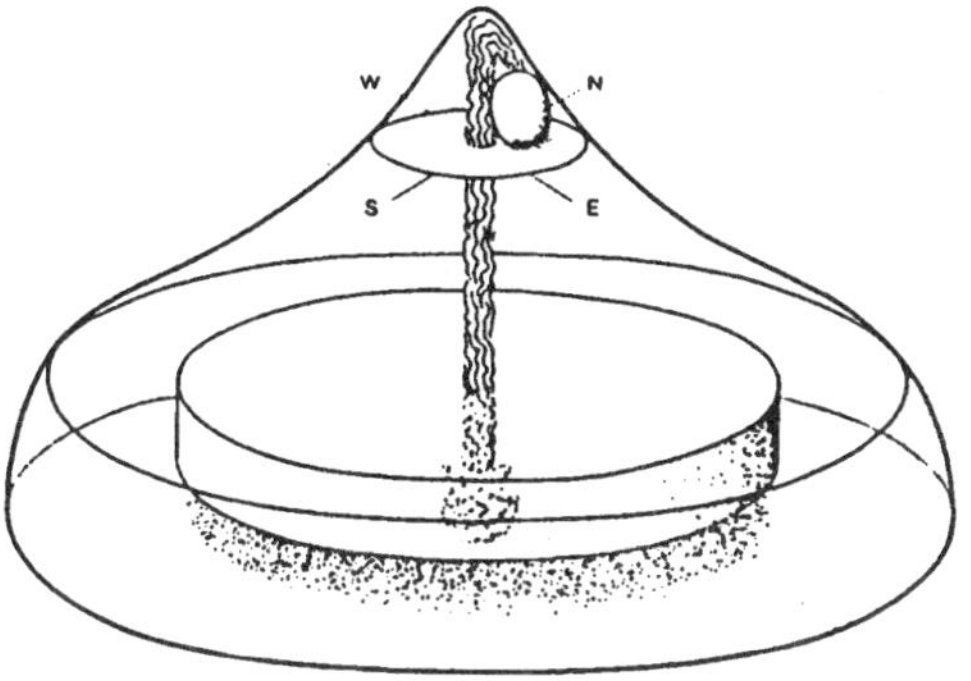

図13　ワラウ族の宇宙観
Wilbert, Johannes, "Warao cosmology and Yekuana roundhouse symbolism," *Journal of Latin American Lore*, 7 (1981), HRAF Files, SS18 Warao, Source No.18, p.39.

垂直的な世界は、宇宙論的な柱や樹木によって結びついている。イヌイットには「天の柱」という概念がある。南アラスカのコディアク島に住むイヌイットによれば、大地の端には二本の柱があるとされる。[44]カッパー・イヌイットは、平らな大地のそれぞれの角に木の柱があって空を支えていると信じている。アラスカ州南東部に住むトリンギット族によれば、大地は平らであり、空は固い天蓋で、地下にいる老婆が世界を支える柱を守っている。[45]大平原のマンダン族にも、大地は水平な四層からなり、空も四層の半球状の天蓋で、それが四本の柱で支えられているいう伝承がある。[46]大平原のオセージ族は、四層の上界をレッド・オークの木が支えていると考えて

図14　オセージ族の宇宙観
Dorsey, J. Owen, "Osage Traditions," *Smithsonian Institution, Bureau of Ethnology, Annual Report*, 6 (1888), HRAF Files, NQ12 Dhegiha, Source No.15, p.378.

いる（図14）。ユート族の宇宙も、空は西と東で大きなコットンウッドの木に支えられている。[47]

中央アメリカ文明とその周辺地域では、宇宙の基本的な秩序としての四方位や四層が象徴的な色と結びつけられている。マヤは、東を赤、西を黒、南を黄、北を白で表した。[48]アステカの宇宙観では、東は白、西は赤、南は青、北は黒であった。[49]南西部のプエブロ・インディアンであるケレス族は、東に白、西に青、南に赤、北に黄を結びつけている。[50]同じく南西部の西部アパッチによれば、東は黒、西は黄、南は青、北は白であり、東が最も神聖である。[51]また、平原インディアンのオグララ・スー族にも、東が赤、西が黒、南が黄、北が白であるという観念が見られる。[52]プエブロ・インディアンのズニ族によれば、東は白、西は青、南は赤、北は黄であり、東の白は夜明けの光の色、西の青は夕暮れ時の光や西方にある太平洋の色、南の赤は夏と火の色、北の黄は冬の朝夕の光やオーロラの色と説明される。[53]南西部のナヴァホ族の先祖は、下から順に赤、黒、青、白という四層の地下世界を次々に上がって、地上に出てきたとされる。[54]その一方で、下から二番目の世界では、東に黒さ、南に青さ、西に黄色、北に白さがあったという伝承もみられる。[55]色と垂直的な階層との関係は、北西アマゾンの森林地帯に居住するデサナ族の宇宙観でもみられる。デサナ族によれば、天にある太陽の住まいはその力の色としての黄色であり、人間や動物の住むところは、多産と血の色の赤である。大地の下にある世界は楽園であり、色は緑である。太陽と大地の中間にある天の川は、東から西へと流れ、大風が吹いていて、青一色なのである。[56]

家屋や村は、宇宙秩序を具現化することで、宇宙論的に安定した居住地となる。宇宙秩序の水平写像として最も基本的な図形は円である。大地を円盤とみなす宇宙観が広くみられるように、円は宇宙をあらわす。なぜなら、われわれの視覚世界は、暗黙のうちに地平線や水平線まで広がっており、それはわれわれを取り囲む円だからである。[57]したがって、大地に円を描く行為は、われわれを包み込む内部領域の新たな創出である。円の中で人間は安らぎを感じ、それによって生きる力が再生される。この意味で円は、生命力を育む子宮であり母胎である。たとえばオグララ・スー族のシャーマンであるブラック・エルクは、ティピと呼ばれる円錐形のテント住居について、次のように述べている。「私たちのティーピー［ティピ］は、鳥の巣のように丸くて、しかもそれぞれのティーピーが円の形に位置している。それは民族の輪や鳥の巣の群れと同じ形で偉大なる精霊がわれわれにその中で子どもたちを育てさせるつもりだったからだ」[58]。

このような円の内部で中心と四方位を定めることは、天の秩序を大地に写すことであり、それによってそこは聖別された場となる。オグララ・スー族によって行われる「馬の踊り」の際には、六人の老人たち（四方位・天空・大地の六つの力としての先祖を表す）が、聖なるティピの中央の地面に細い溝を掘って円を作り、それに交差して南北に走る赤い道と東西に走る黒い道の二本を描いた[59]。また、ブラック・エルクが部族の人々を追悼する儀式を行ったとき、その場所は年長のシャーマンであるフュー・テイルズによって次のように準備された。「われわれはその丘の最も高い場所に行き、その上にサルビアの葉を広げて並べ、聖なる場所をつくった。それからフュー・テイルズはそこの中央に花咲く杖を立て、西北東南、すべての方角に緋色の布で小さくたばねた赤い柳の樹皮の捧げ物を置いた」[60]。

円の分割は宇宙の分割であり、円形集落においてそれは、社会の分割を意味する。ブラジル西部のボロロ族のケジャラ村では、二十六戸の小屋が中央の大きな小屋を円形に取り巻いている（図15）。中央にあるのが「バイテナンマゲオ」すなわち「男の家」で、独身の男が暮らしている。また、妻をもつ男も、漁や狩をしていない時や、踊りの広場で儀式をしていない時には、ここで一日を過ごす。男の家の西側には、杭で囲まれた楕円形の踊りの広場がある。[61] 村は、中心を通って河に平行に引かれた線により、北のチュラ族と南のテュガレ族に分かれる。村人は、つねに自分の母と同じ半族に属する。また結婚は、他の半族の者としなければならない。女は自分の生まれた家に住み、それを相続する。したがって、男は結婚すると、反対の半族の側に行って住むことになる。葬儀の際にも、チュラ族の男の葬儀はテュガレ族の人々によって行われるというように、二つの半族は相互に助け合う。さらに、ケジャラ村は、村の中心を通る、川と垂直な線により、東の「川上」の者と西の「川下」の者の二つに分割される。このため、二つの半族は、四つの分族になる。その上、住民は氏族にも分かれている。これは共通の祖先から女性を通して血を分け合っているという意識で結ばれた家族の集合である。氏族の成員は、同じ名をもつことにより、互いに認知しあっている。かつて氏族は八つあり、しかも各氏族の中は上・

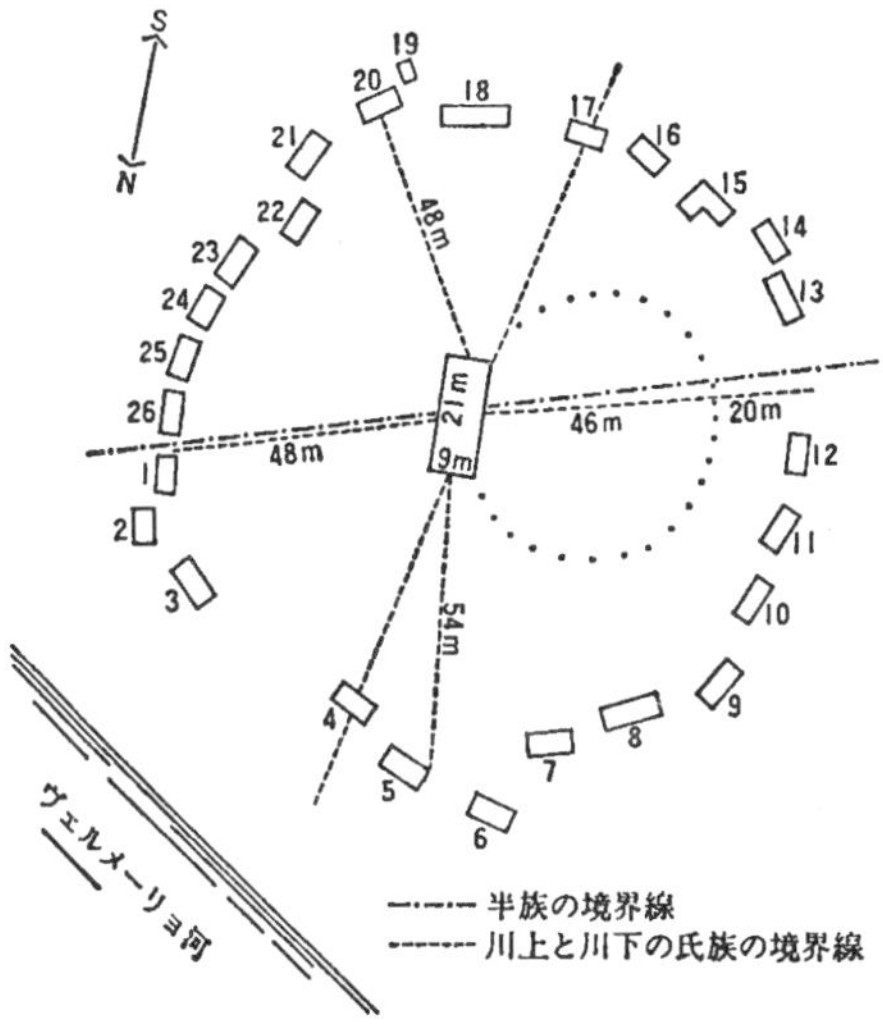

図15　ボロロ族のケジャラ村の平面図
クロード・レヴィ＝ストロース著、川田順造訳『悲しき熱帯（下）』（中央公論社、1977）、p.41.

中・下の三つの階層に分かれていたと言われる。[62] 集落の構造は、このような複雑な社会体系を可視化したものだったのである。

ボロロ族の天は十層からなる。[63] 円形集落という小宇宙は、垂直性をもった大宇宙（自然）に包み込まれており、人間と自然との間には相互交換の関係がみられる。それを示すのが、人間の死に際して自然からお返しを求める儀礼である。ボロロ族によれば、人間の死は自然によって社会が被る損害である。そこで社会は、自然に対してこの「負債」の支払いを求める。この「負債」をモリと呼ぶ。住民が一人死ぬと、死者の属していない半族が集団で狩りを行い、大きな獲物（なるべくならジャガー）を一頭仕留めようとする。その毛皮や、爪や、牙が死者のモリとなる。獲物には、死をもたらした禍いをなす魂の姿が具現化されている。その魂が、住民の死という損害の償いとして自分の身を捧げるのである。[64] このような儀礼を経ることにより、死者の霊魂は死者の村へと向かう。霊魂は、東と西にある二つの死者の村に分かれ、そこで英雄神に見守られることになる。[65] 一方、人間社会から自然への贈り物は、バリと呼ばれる呪術師が受け取る。バリは、十層からなる天の最上層から地下に至る垂直な軸に働くさまざまな力の主《ぬし》であり、[66] 邪悪な精霊たちと結びついている。精霊は、一部は天界、一部は獣《けだもの》、一部は地下のものであり、天体の運行、気象、病や死を司っている。そして、死んだバリの魂によって増えて行く。したがって、バリは死とかかわる垂直的な大宇宙

（自然）への仲介者である。狩りの獲物や畑で初めてとれたものを、バリが自分の分を取らないうちに食べるのは穢れであるとされる。バリの取り分は、人間（生者）から自然（死者）へのお返しであり、葬礼狩猟におけるモリと対称的に、生者が死者に対して負うモリと考えられるのである。[67]

エジプト・メソポタミア

宇宙論的「見かた」による垂直的秩序は、天空の神々と人間の王が結びつけられることで、人間社会の垂直的秩序の根拠となる。したがって、強大な権力をもつ王を中心として、大規模な社会が成立した古代文明地域では、垂直構造をもつ宇宙観が発達した。その宇宙観は、宇宙創成神話によって支えられ、祭壇建築によって可視化されていた。宇宙創成神話は、宇宙の起源を明らかにすることでその秩序を根拠づけ、宇宙軸としての祭壇建築は、王権と天との結びつきを示していたのである。

古代エジプトでは、大地がドーム状の固い天蓋に覆われているとみなされていた。ガストン・マスペロによれば、「エジプト人にとって、天空はある種の鉄製の頑丈な天井で、あらゆる大地を閉じこめる神秘的な水がその上を流れていると考えられていた[68]」。大地と天空は神でもあった。古代エジプトの初期の宇宙創成神話によれば、宇宙は始まりのときにヌンという原初の水に満たされていた。ヌンは表面をもっておらず、宇宙を完全に満たしていた。このヌンから原初の丘アトゥムが立ち上がった。アトゥムは、大気の神シューと湿気の女神テフヌトを生み、この夫婦神が大地の男神ゲブと天空の女神ヌトを産んだ。ヌトはシューに高く掲げられ、天空と大地は引き離されたのである[69]（図16）。

図16　古代エジプト人の宇宙観
アンドレ・ピショ著、山本啓二訳『科学の誕生（上）古代オリエント』（せりか書房、1995）、p.217.

天空は王権と結びつけられていた。古代エジプトでは、王はハヤブサの姿をした天空神ホルスの化身とされた[70]。王権は「死と再生」を繰り返す。それを示すのがオシリス神話である。オシリスは大地の神ゲブと天の女神ヌトの子であり、エジプト王として人々に文明をもたらしたが、弟のセトの陰謀により殺され、切り裂かれて王国の各地にばらまかれた。しかし、妹で妻でもあるイシスが遺体を復元し、防腐措置の儀式を行うことで、オシリスの生命は復活した。オシリスは、息子ホルスをエジプト王とし、自らは死者の国の王となった。この神話に基づいて、ホルスの化身である王は死んでオシリスとなり、永遠の生命を得て、次の王がホルスとして即位するとされた。[71]これは、神聖な王権が「死と再生」により断絶なく継承されることを意味する。ばらばらにされたのち、つなぎ合わされて復活したオシリスとは、「死と再生」を繰り返す自然の生命力そのものである。王権は、自然の生命力のように再生され、天空神起源のホルスへと受け継がれたのである。それはすなわち、宇宙的秩序（マアト）の回復であった。

王権の再生とは、霊魂の再生でもあった。古代エジプトでは、死ぬと肉体からカーと呼ばれる霊魂が分離すると考えられていた。[72]カーは生命力であり、先祖でもあった。父親はカーの代理人であるため、オシリスはホルスのカーであった。また、王や王権そのものもカーとされた。したがって、オシリスからホルスへの王権の委譲とは、生命力としてのカーの継承にほかならなかった。このような「死と再生」を繰り返す王権は、もともと、天空を移動しながら「死と再生」を繰り返す太陽と結びつけられていた。太陽神ラーは、舟に乗って天空を移動し、夜は別の舟で地下の冥界を航行して、再び東の空に復活する。[73]王は、この太陽神の子であった。ラーは、宇宙を創成した神であるアトゥムと習合し、ピラミッドに刻まれた文書では、原初の丘のベンベン石に降り立ったとされている。[74]ピラミッドの方錐形は、ベンベン石に由来する可能性がある。王の遺骸と副葬品を納めるピラミッドは、天と地を結ぶことで、垂直的な秩序に沿った生命力の再生をもたらすための墳墓であったと考えられるのである。やがて、太陽神ラーは天空神ホルスと同一視され、さらにそれが、オシリスとイシスの息子でラーの孫と言われることもある別のホルスと混同されて、オシリス神話に姿を現した。[75]

霊魂の「死と再生」は、古代エジプト人に広く信じられた。王以外の人間でも、遺体の防腐措置など必要な準備さえ整えれば、オシリスとなって永遠の生を享受できるとされたのである。肉体とそれを離れた霊魂は、その肉体が滅びない限り再びひとつになる。そのため、肉体はミイラとして遺された。しかし死者は、冥界の神オシリスにより、生前の行為に従って善悪の審判を受けなければならない。審判ののちに死者が行く他界は、アメンティといわれ、ヌンの下、北の天上、あるいは西方にあると想像されていた。[76]

メソポタミアのシュメール・アッカド文明においても、垂直的な構造をもつ宇宙秩序と、その「更新」という観念がみられる。シュメールの宇宙は、サミュエル・ノア・クレーマーが神話に関する粘土板から再構成した図17のように、原始の海の中の泡のようなものと考えられていた。空は金属でできた丸天井であり、そのためシュメール語では、鉄が「空の金属」と呼ばれた。[77] 天と地は宇宙軸によって結合されていた。その象徴がジッグラトであった。ジッグラトは、重ねられた基壇の頂に神殿をもつ聖塔であり、その名称は「宇宙山」を意味する。[78] バビロンに前七世紀に完成したいわゆる「バベルの塔」が「エ・テメン・アン・

キ」（天と地のいしずえの家）と呼ばれたように、[79]ジッグラトは天と地を結ぶ建造物であったと考えられる。

シュメール・アッカド文明においても、宇宙の基本原理は生命力の「死と再生」の循環であり、宇宙の生命力の再生が王権の更新と結びつけられていた。それを示すのが、バビロニアの宇宙創成神話『エヌマ・エリシュ』である。「上では天がまだ命名されず、下では固い大地がまだ名前で呼ばれなかったとき……」で始まるため、最初の「エヌマ（とき）」と「エリシュ（上では）」の二語をとって『エヌマ・エリシュ』と呼ばれるこの物語によれば、原初の存在である淡水の男神アプスーと海水の女神ティアマトが交じり合うことで神々が生まれ、その中の知恵の神エアは呪文でアプスーを眠り込ませて、その上に自らの神殿を建てた。その神殿でエアは妻との間に巨神マルドゥクを生んだ。マルドゥクは海水の女神ティアマトを矢で殺し、その死体を干し魚のように二つに切り裂いて半分を天とし、半分を大地としたのである。[80]

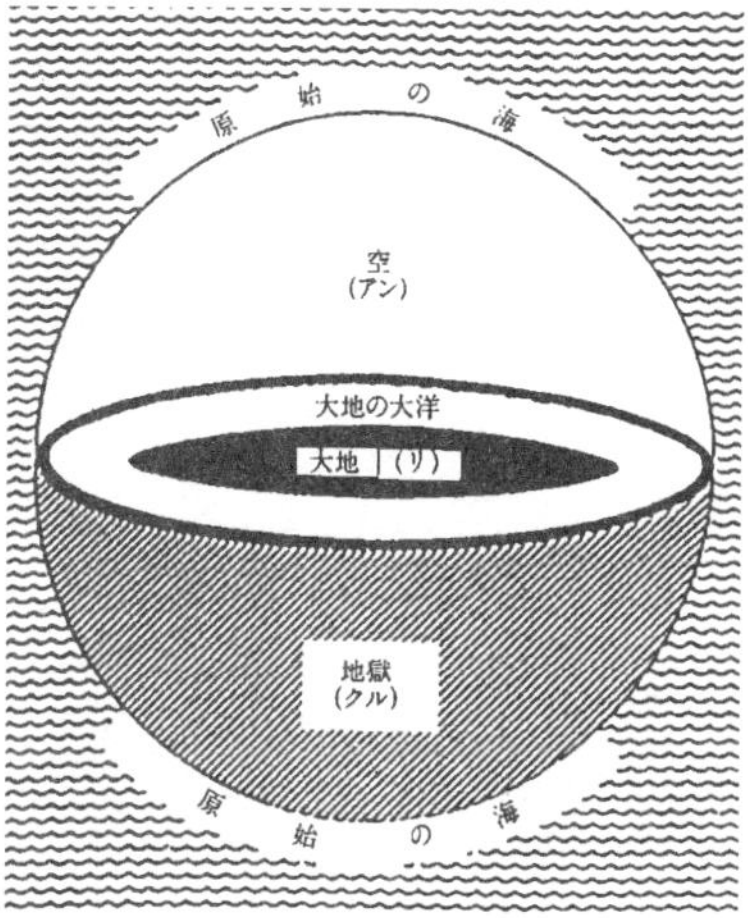

図17　シュメール人の宇宙観
アンドレ・ピショ著、山本啓二訳『科学の誕生（上）古代オリエント』（せりか書房、1995）、p.102.

この神話によれば、原初の宇宙水に内在されていた生命力から神々が生成し、天地が造られた。その秩序を混沌（原初の水）からもたらしたマルドゥク神は、バビロンの主神であり、神々の王であった。主神マルドゥクを祀るバビロンのエサギラ神殿では、新年祭（アキートゥ）の間に『エヌマ・エリシュ』が祭儀文として詠唱された。それは、マルドゥク神による海の怪物ティアマトとの闘いと勝利を再現するものであり、宇宙が創成された「かのはじめの時（illud tempus）」を繰り返すことで、その秩序を更新することにほかならなかった。新年祭では、これに続いて王権更新の祭儀がおこなわれた。神々の王であるマルドゥクの主神権の再生があって、はじめて、地上における王権の再生が可能になったのである。[81]

インド

古代インドの宇宙創成神話にも、原初の水や、ティアマトのような宇宙巨人の分割による天地の分離といったモチーフがみられる。バラモン教の聖典『ヴェーダ』の最古のものであり、西暦前一二〇〇年から前一〇〇〇年頃に成立したと推定される『リグ・ヴェーダ』には、原初の水から「黄金の胎児」が生まれ、それが地を安立させ、天をも生んだとある（一〇・一二一）。また、原水が最初の胎児として孕んだヴィシュヴァ・カルマン（造一切者）が、鍛冶のように鍛接することで天地を創造したという神話もある（一〇・八一）。さらに「プルシャ（原人）の歌」（一〇・九〇）によれば、神々は千の頭と眼と足をもつ巨人のプルシャを生け贄として供犠をおこない、臍から空界、頭から天界、足から地界が生じたとされる。プルシャの四分の三は天界にあって不死であり、四分の一は一切万物である。現象界は、プルシャの下の四分の一から、生物と無生物のあらゆる方面に向かって展開したのである。[82]

　原水から生まれた神が天地を創成したという神話や原人プルシャの死体化生神話は、宇宙が内在する生命力によって展開したということを意味している。脱神話化が進んだ「宇宙開闢の歌」（一〇・一二九）では、そのような生命力の展開は、原水と、宇宙の本源としての「かの唯一物」から、内在する熱力や思考力や展開への欲求によって現象界が出現したというかたちで描写されている。[83] いっぽう、宇宙のすべてがプルシャという一つのものの部分であるということは、天界と現象界が一体のものとしてとらえられていたことを示している。現象界と天とのつながりは、『リグ・ヴェーダ』より少し遅れて編纂された『アタルヴァ・ヴェーダ』の「支柱《スカンバ》の歌」（一〇・七―八）にも記されている。それによれば、造物主プラジャーパティ（「生類の主」の意味）は、一切世界を固定するために宇宙柱である支柱《スカンバ》を設けた。その支柱の一部は現象界に入り、他の部分は現象界を越えている。しかも、この支柱は宇宙全体である。大地はその柱の大きさを計る縄尺であり、広大な空は腹で、その上にある天が頭なのである。この巨人のような存在を、『アタルヴァ・ヴェーダ』は「最高ブラフマン」

と呼んでいる。[84]

ブラフマンという語は、もともとヴェーダの祈祷のことばやその呪力を意味した。そして、神々にも命令を下すことのできる呪力あることばは、宇宙の根本原理と考えられるようになり、前五〇〇年の前後数百年間に成立したと考えられるウパニシャッドという聖典類において、ブラフマンは宇宙そのものであるとともに宇宙を動かす力とされた。[85]『タ－イッテイリ－ヤ・ウパニシャッド』によれば、ブラフマンは、生き物が生まれる母体であり、生き物を育てる力であり、生き物が死後に帰る場でもある。また、食物がブラフマンであるとも言われる。生類は食物から生まれ、それによって生き、死ぬと食物に帰るのである。[86] このようにブラフマンは、宇宙の「死と再生」の循環をもたらす力であるとともに、その循環を繰り返しているもの自体でもある。その意味で、「実にこの一切はブラフマンである」（『チャンド－グヤ・ウパニシャッド』）と言われるのである。[87]

ウパニシャッドは、ブラフマン（梵）の対極に、個人の生気や霊魂を意味するアートマン（我）を置いた。そして、宇宙の根本原理としてのブラフマンと個人の本体であるアートマンは同一であると考えた（梵我一如）。モーリッツ・ヴィンテルニッツが言うように、ウパニシャッドの基本思想は「万有はブラフマンであり、ブラフマンはアートマンである」という命題であらわすことができる。[88] これはブラフマンという大宇宙《マクロコスモス》とアートマンという小宇宙《ミクロコスモス》の一致である。アートマンは人間のすがたをとると言われ、最初期のウパニシャッドである『ブリハッド・アーラニヤカ・ウパニシャッド』には、「人が死ぬと、その言葉は火に帰入し、息は風に、眼は太陽に、意は月に、耳は方位に、肉体は地に、霊魂は虚空に、毛は草に、髪は気に帰入し、地と精液が水の中に収められる」とある。[89] つまり、人間は小宇宙であり、大宇宙における「死と再生」の循環の一部なのである。

仏教は、この循環を、苦しみの輪廻の世界ととらえる。そもそも「世界」という中国語は仏教の術語であり、サンスクリット語の「ローカダートゥ」の訳であって、「ローカ」は空間、「ダートゥ」は層を意味する。つまり仏教で言う世界とは、生き物が生存し輪廻する多層化された空間である。ブッダは、アートマン（我）とは何かという問いから、そのような自我はもともと存在せず（無我）、したがってブラフマンも実在しないと主張した。[90] 世界は、ブラフマンという根本原理ではなく、事象間の相互関係である「縁起（因縁生起）」によってとらえられる。すべての事象は因（直接原因）と縁（間接原因）の二種類の原因が働いて生じるのであり、それは「あるものに依ってあるものが生ずる」「これがなければあれがない」と規定されるように生成と止滅のサイクルである。[91] 生類にとってこれは生のサイクルであり、仏教ではそれは苦しみである。この苦しみの輪廻から脱すること（解脱）が「悟り」であり、悟りの完成者が仏陀（仏）すなわち覚者（悟った者）なのである。

インドにおける、垂直的ではあるが天地が連続している宇宙という観念は、ヒンドゥー教や仏教の宇宙構造論にも見ることができる。ヒンドゥー教によれば、宇宙の上半分と下半分にはそれぞれ七つの階層があり、両者の中間に大地がある。大地はメール山を中心とする円盤であり、同心円状の七つの大陸と七つの海をもつ。真ん中にメール山がそびえる大陸がジャンブ・ドビーパと称され、その重要部分がバーラタバルシャ、すなわちインドである。ヴェーダ時代の主神はインドラであり、メール山の頂上にはインドラの天国スワルガがあるとされた。インドラは、雷神の性格が顕著で、ギリシアのゼウスに比較されるインド＝ヨーロッパ的な天空神である。ブラーフマナ時代になると、メール山のブラフマー（ブラフマンを神格化したもの）の天国をインドラや他の神々の天国が囲んでいると言われた。[92]

仏教の宇宙観も、須弥山《しゅみせん》＝メール山を中心としている（図18）。五世紀頃のバスバンドゥ（世親）の『阿毘達磨倶舎論《あびだつまくしゃろん》』によれば、虚空に空気の巨大な円筒である「風輪」が浮かんでおり、風輪の上にそれより小さい「水輪」がのり、水輪の上に「金輪《こんりん》」がのる。金輪の上は大海であり、外周は鉄囲山《てっちせん》が巡っている。大海の中心にそびえたつのが須弥山である。須弥山を取り囲んで同心状の山脈が七つ並ぶ。七つ目の山脈の外側の四方に、大陸（州）がひとつずつ存在する。東の勝身州《しょうしん》は半月形、南の贍部州《せんぶ》は台形、西の牛貨州《ごか》は円形、北の倶盧《くる》州は正方形である。南の台形の大陸に人間が住み、その下に地獄や餓鬼界がある。須弥山の中腹には四天王が住み、頂上には帝釈天（インドラが仏教に取り入れられたもの）を頭とする三十三天が住む。その上方に、二十一の天界が浮かぶ。仏教の修行者は、これらの天界を修行に応じて登って行くのである。

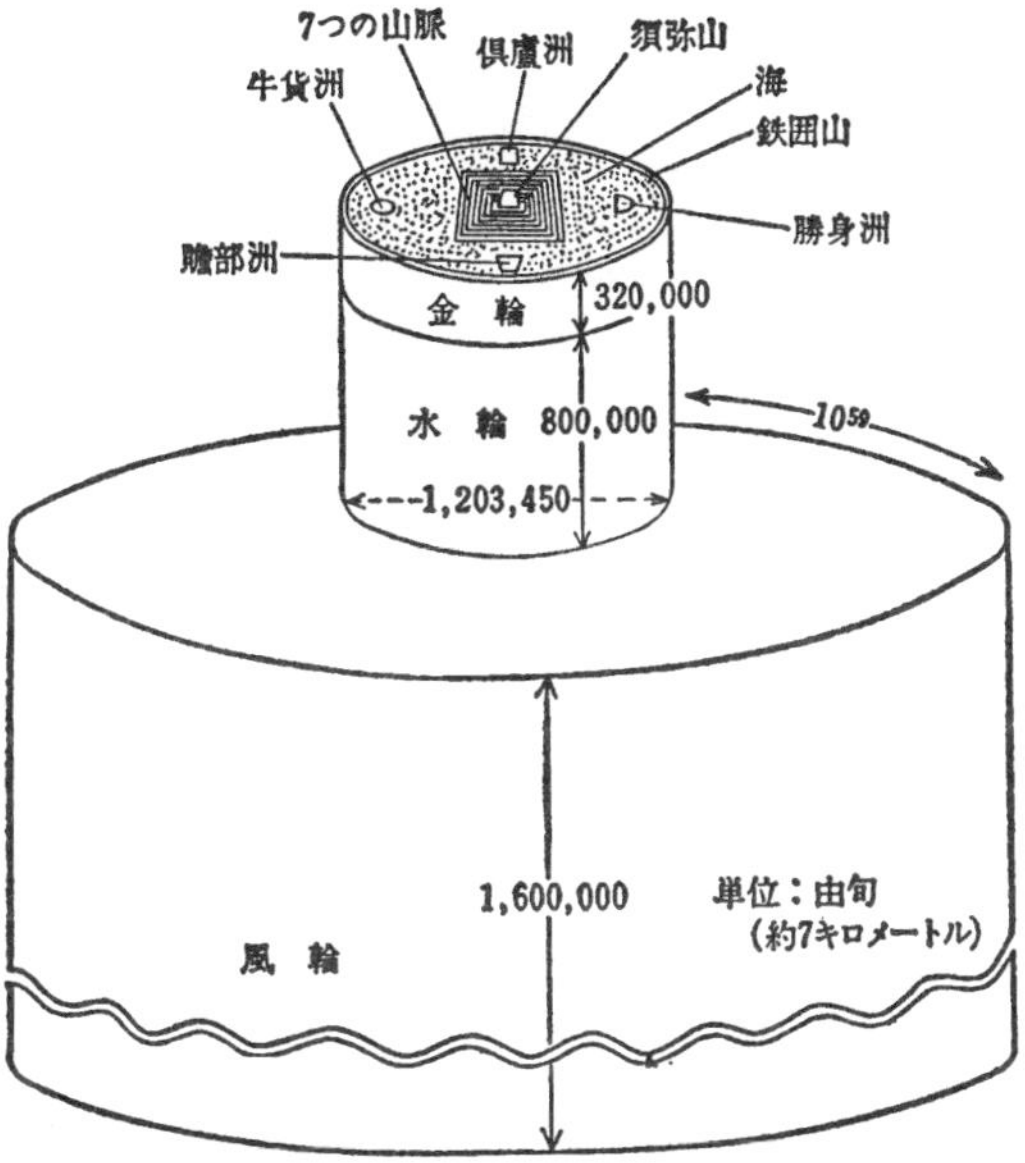

図18　仏教の宇宙観
定方晟『須弥山と極楽――仏教の宇宙観』（講談社現代新書、1973）、p.13.

仏教におけるこのような垂直的宇宙は、下から「欲界」「色界」「無色界」の三界に分けることができる。そして、三界を超越したところに仏界があるとされる。しかし、仏は宇宙と切り離され、その外部に立っているわけではない。仏とは修行によって真理を悟った者であり、すべての人間に仏となる道が開かれている。つまり仏は、コスモスの枠外に最初から存在するような超越的な絶対者ではなく、仏になること（成仏）が

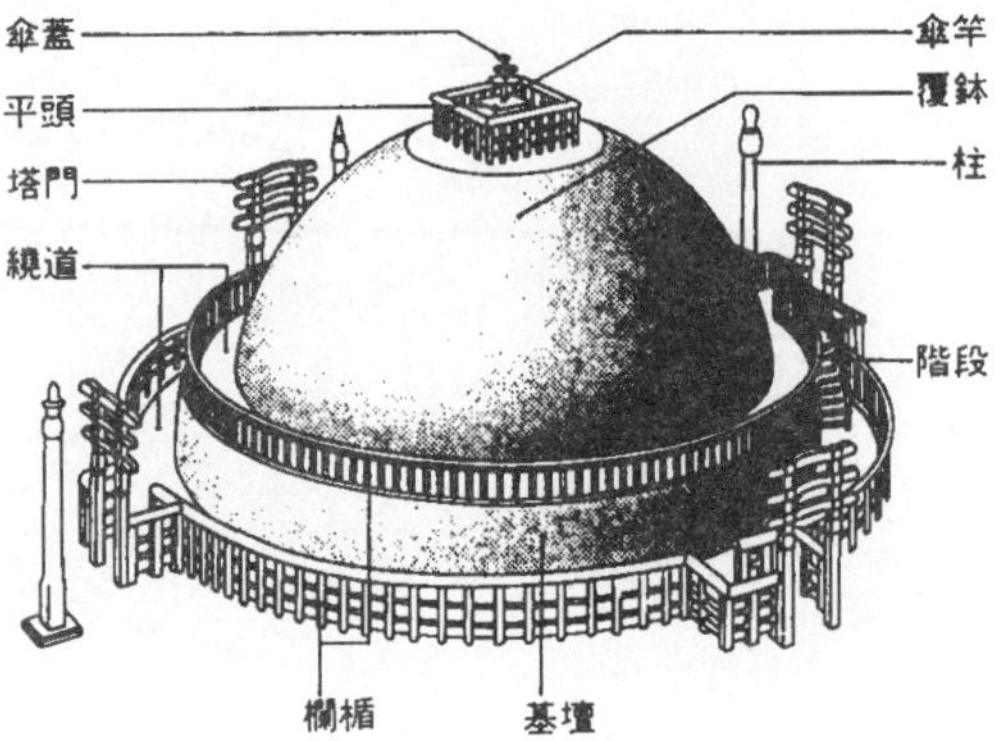

図19　ストゥーパ
インド中部、マディヤ・プラデーシュ州の仏教遺跡サーンチーの第1塔（1世紀初期に完成）。世界大百科事典（平凡社）より。

コスモスの内部で可能という意味で、コスモスに内在している。仏（仏陀）のコスモスへの内在性は、釈迦の遺骨を納めるための建築物であるストゥーパや、仏像を装飾する荘厳具《しょうごんぐ》に示される。

古典的なストゥーパの構造とは、円形の基壇の上に半球形の「覆鉢《ふくはち》」があり、その平らな頂に箱形の「平頭《びょうず》」を置いて、「傘蓋《さんがい》」を立てるというものである（図19）。基壇の周囲には「欄楯《らんじゅん》」と呼ばれる玉垣を巡らして、四方に門を置く。傘蓋は、もともとインドの王侯貴族が外出の際に従者などにかざさせたものであるが、ストゥーパの傘蓋は円板が何層か重ねられたものであり、それは仏陀の荘厳さを示すものであるとともに、天上を指し示す宇宙軸とみなすことができる。したがってストゥーパは、地に対応して四方に定位された壇と、傘蓋という宇宙軸をもつ天空的なドームから構成された、天地《コスモス》の縮図と考えられる。そして、釈迦の舎利（焼骨）は一般的に覆鉢内に納められ、仏像の出現までストゥーパは釈迦その人として礼拝された。つまり、仏陀（悟った者）

としての釈迦は、あくまでもストゥーパ＝コスモスに内在しているのである。また、仏像は、須弥山をかたどった「須弥壇《しゅみだん》」と呼ばれる台座の上に置かれ、その頭上には、傘蓋を起源とする、菩提樹の葉を円形にまとめたものや蓮華などをかたどった「天蓋」がかざされた。すなわち、仏は須弥山と天の間に位置しているのであり、これも、仏が空間的に天を超越しているという認識の欠如を暗示している。

ギリシア・ローマ

ギリシア神話においても、宇宙は超越的な神によって創造されるのではなく、自然に生成される。ギリシア神話の原型は、前二〇〇〇年頃から前一一〇〇年頃のミケーネ文明の時代にギリシア語を話す民族によって持ち込まれたインド＝ヨーロッパ語族に共通する神話が、クレタ島のミノア文化や古代オリエントの神話の影響を受けて形成されたものである。[93] それは口承の物語として語り継がれ、前八世紀にホメロスとヘシオドスによって書き記された。それによれば、最初に誕生したのは混沌の淵カオスであり、ついで大地ガイアと地底の暗黒界タルタロスが、さらにすべての生成の根源力としての愛エロスが生じた。カオスからは、闇エレボスと夜ニュクスとが生まれ、エロスの手引きで最初の夫婦となって天上の浄光アイテルと昼ヘメラを産んだ。他方ガイアはひとりで天ウラノスと山々と海ポントスを産んでから、ウラノスと母子婚をしてティタン神族を産んだ。大地（ガイア）と天（ウラノス）の聖婚によって産まれたこれらの神々の長兄は、大地を取り巻いて流れ、すべての河川と泉の水源となっている大河オケアノスであり、末弟はクロノスであった。クロノスの子として産まれたゼウス、ポセイドン、ハデスの兄弟は、父神のクロノスとティタン神族に対して闘いをいどみ、これに勝利した。その結果、ゼウスが天、ポセイドンが海、ハデスが地下にある冥界の支配者となったのである。[94]

このように、古代ギリシア人の宇宙は、天・大地・地下の三層構造をもっていた。そして、これらの垂直的な世界はつながっていた。ゼウスとその一族は、オリュンポス山の頂に住むとされていた。これは、天界とこの世が、宇宙山としてのオリュンポス山によって結びつけられていたことを示している。また、神託地デルフォイにおいても、神の住む異界とこの世はつながっていた。ギリシア中部のパルナッソス山南麓にあるデルフォイは、オンファロス（臍の意）の異名をもつ世界の中心であり、もともと大地の女神ガイアの聖地であったが、のちにアポロンが自らの神託所を開いたとされる。そこでは、大地にある割れ目の上に青銅の鼎《かなえ》をわたし、その上に巫女が座って地底から立ちのぼる霊気を吸い、トランス状態となって神の言葉を発したのである。地下世界と大地との連続性は、冥界と西方との結びつきに示される。死者の霊魂は地下の冥界に行くが、この世と冥界の境界はステュクスまたはアケロンという川であり、それは西方にあって冥界を取り巻いているとされた。また古くは、英雄が西方のオケアノスの近くにあるエリュシオンという楽園に送られるという伝承もあった。のちにエリュシオンは、地下の冥界の一部と考えられた。一方、極悪人は冥界の奥底にあるタルタロスに閉じ込められるとされたのである。

宇宙創成神話において天や大地が生命をもった神そのものとみなされ、その聖婚によって秩序が構成されるということは、宇宙秩序の基本原理が自然の生命力であるということを示している。階層化された世界の連続性とは、生命力という基本原理の一貫性にほかならない。古代ギリシアにおいては、このような自然の生命力が脱神話化され、前六世紀に小アジア沿岸のイオニア地方の都市ミレトスを中心として自然論が成立した。まず、タレス（前六二四頃～前五四六）は、万物の「もとのもの（アルケー）」を「水」であるとした。万物は水から成立し、また水へとかえっていく。したがって、この水は永遠の構成素であり、万物に生命と活動を与える生命原理でもある。タレスの弟子であるアナクシマンドロス（前六一〇頃～前五四六頃）は、「無限なもの（ト・アペイロン）」をアルケーとした。「無限なもの」とは、熱と冷という対立する力を包含した一種の混沌《カオス》であり、生成変化という生命的な特質をもつ。アナクシマンドロスの弟子のアナクシメネス（?～前五二五）は、「空気」が濃厚化したり希薄化することによって万物が生じると考えた。空気が濃厚化すると水になり、さらに濃厚化すると土になる。空気が希薄化すると火になる。アナクシメネスによれば、魂は気息《プネウマ》であり、人間は呼吸をとおして身体に入ってくる空気＝気息によって生かされている。すなわち、空気は生命原理としてとらえられている。

眼に見えるものからアルケーを類推しようとしたミレトス学派とは対照的に、ピュタゴラス（前五八〇頃～前五〇〇頃）とその弟子たちは、数的な調和（ハルモニア）という眼に見えぬもののうちにアルケーをもとめた。しかし、ピュタゴラス学派も、やはり宇宙における生命原理の一貫性を信じている。神々や人間や動物たちはひとつの生命原理によって生かされており、魂は調和の達成度に従い、輪廻によって存在の階段を昇ったり降りたりする。そして、完全さをとりもどした魂は、神々と共に暮らすのである。

一方、ミレトス学派の一元論を受け継いだヘラクレイトス（前五四〇頃～前四八四頃）は、アルケーを「火」と考えた。世界は、火から生まれ、火へ化すという過程の永遠かつ周期的な交替としてとらえられる。火から水・土が濃化によって生じていくのが下りの道で、稀化によって火へと溶解していくのが上りの道である。火と水、水と土はそれぞれ対立しているが、火は水に、水は火に転化し、水は土に、土は水に転化する、つまり、万物は流転するのである。タレスの「水」、アナクシメネスの「空気」、ヘラクレイトスの「火」に、エンペドクレス（前四九三頃～前四三三頃）は「土」を加えた。変化しない真の存在は土、水、風、火の四元素（四大）であり、この四元素は愛の力によって結びつき、憎しみの力によって離れる。四元素が分離と結合をくりかえすことで、宇宙は永遠に回帰するのである。

　エンペドクレスの多元論的な元素の観念をより徹底して原子論を完成させたデモクリトス（前四六〇頃〜前三七〇頃）は、味や色といった感覚的性質をもたない不変な「原子《アトム》」が、「空《ケ》虚《ノン》」のなかを運動して結合分離することにより、森羅万象が生じるとした。これは、自然を原子という「物」に還元する近代の原子論に通ずるが、デモクリトスによれば魂（プシュケー）もアトムであり、それは球形であるため身体のすみずみにまで滑り込むことができるとされ、自然（物）と人間の間には切断線が入れられていない。

　原子論を受け入れず、四大を世界の構成要素としたプラトンとアリストテレスの宇宙観も、生気論的であった。眼に見えないもののうちにアルケーを求めるというピュタゴラス学派の影響のもとでイデアの思想を唱えたプラトン（前四二八か四二七〜前三四八か三四七）は、ミレトス学派の生気論的自然観を受け継ぎ、万有の最初の動きの原因は自分で自分を動かすもの（プシュケー）でしかありえないと論じた。ただし、ミレトス学派においては自然万有の根元（アルケー）としての「物」がそのままプシュケーであったのに対して、プラトンは四大といった「物」とプシュケーをはっきり区別し、ヌース（知性）をもったプシュケーを宇宙の「造り主（デーミウールゴス）」として神話的に表現した。アリストテレス（前三八四

〜前三二二）の哲学では、四大は乾・湿・熱・冷という四つの基本性質から説明された。土は乾と冷、水は湿と冷、火は乾と熱、空気は湿と熱の組み合わせからなる。そして、これらを素材として成り立っている自然は、運動変化の原理をみずからのうちにもつものであり、生物のように一定の目的（形相）に向かって変化するのである。

相互に転化し合う四元素は、垂直的な循環を繰り返す。その関係は、古代ローマの詩人であるオウィディウス（前四三〜後一七）の叙事詩『変身物語』に、次のようにまとめられている。

永遠の宇宙は、四つの根源的な物質を内包している。そのなかのふたつは、重くて、みずからのその重さによって、低いところへ降りてゆく。土と水が、それだ。あとのふたつは、重さを持たないで、これを押さえつけるものがなければ、高いところへ昇ってゆく。空気と、空気よりも純粋な火が、それだ。この四つは、場所のうえでは離れているが、しかし、たがいがたがいから生じ、また、たがいがもとの状態へもどるのだ。土は、解体すると、薄まって水になる。水は、気化して、風と空気に変わる。空気はまた、それ自体がたいそう希薄なものであり、重さをも失っているから、最上層の火のもとへ昇ってゆく。それから、今度は、この逆もどりが行なわれ、同じ順序が逆にたどられる。つまり、火は凝縮して、濃い空気に移行し、空気は水に変わり、水はこり固まって土となるのだ。[95]

『変身物語』は、ギリシア、ローマ、オリエントの神話と歴史伝説から、人間が動植物や星に変わる物語を集めたものであり、その主題は、あらゆるものは変容しながら生き続けるというものである。天と地の連続性と、生命力の垂直的な循環を重視するこのような「見かた」は、宇宙論的である。古代ローマにおいては、その垂直的な宇宙の縮図として都市が創建された。都市は、天空の秩序の写しであり、地下の冥界とつながりをもち、そして生命力という宇宙の基本原理を反映したものだったのである。

古代ローマ人は、大地は円形であり、天空はその上にヴォールト（穹窿）あるいはドームを形づくっていると信じていた。天空は、東西と南北の線によって四分割され、この四分割された円形の天空に対しては、テンプルムという語が用いられた。そして、ローマのアウグル（鳥占師）たちが、儀礼上の必要から「テンプルム」を「カルドー」と「デクマーヌス」とによって四つの領域に分割したように、都市の創建者たちは都市の敷地を分割した。「カルドー」とは、宇宙の回転軸のことであり、「デクマーヌス」とは春分・秋分の日の出の方向から日の入りの方向へと走る線である。両者が交わる「デクッシス（辻）」には、「ムンドゥス」が位置していた。[96]

「ムンドゥス」は穴であり、その中には初実《はつな》りの作物や何らかの「御馳走」、さらには、植民者たちが母国から持ってきた土が投げ入れられた。祖先が眠る故郷の土を「ムンドゥス」に投入することは、埋葬され神格化された祖先の「マーネース」（霊）を移動させることである。したがって、「ムンドゥス」は死者の霊魂の聖所であり、地下冥界の入口だった。それは年に三度開かれ、それが開かれている日は死者の霊が生者たちのところにやってくるため危険であり、すべての公事が禁じられていた。石で蓋をされた「ムンドゥス」の上、あるいは近くには祭壇が置かれ、火がつけられた。この火が都市の中心であった。「ムンドゥス」という語は、ギリシア語のコスモスにほぼ対応している。カトーによれば、「ムンドゥス」はヴォールト天井をもつ地下の部屋であり、それが天空のようであるため、「ムンドゥス」すなわち宇宙と呼ばれていた。[97]したがって、「ムンドゥス」は天空と地下を結ぶ宇宙の中心であり、そこで祖先の霊魂（＝生命力）が火により励起されたのである。

ローマの都市の創建儀礼では、中心ばかりではなく、境界においても自然の生命力の活性化が図られた。それを示すのが、「スルクス・プリーミゲニウス」（初めの犂き溝）を掘る儀礼であった。創建者は、白い牝牛と牡牛につながれた青銅製の犂を用いて、土が犂き溝の外側にこぼれないように都市の敷地をぐるりと犂いてまわった。大地は耕すことと犂くことによってその豊饒さが増大する「母」であり、犂くことは大地と天空とをひとつにする聖なる婚姻と解釈される。[98]都市の創建が、このような天と大地の聖婚の再現として行われたのは、宇宙の構成原理が自然の生命力であり、その更新によって地上に安定した宇宙的秩序がもたらされると考えられていたからである。

中国

古代中国でも、自然の生命力に支えられた垂直的な宇宙が信じられていた。この生命力は早くから宇宙の基本原理として認識されており、「気」と呼ばれ、気の観念をもとに陰陽五行説とよばれる自然論が生み出された。古代中国の都市や祭壇には、この宇宙＝自然論が具現化されていた。

古代中国の宇宙観では、天が神聖視されていた。天空の形態については、傘状という観念があったが、それはやがて球状へと変化した。前漢（前二〇二～後八）までは天は固体の円蓋と考えられ、地は天に覆われた矩形であった。これは蓋天説と呼ばれ、後漢末の趙爽が注釈をつけた『周髀算経《しゅうひさんけい》』上巻には「天は円にして張蓋《ひろげたかさ》のごとく、地は方にして棋局《ごばん》のごとし」とある。前漢の末には蓋天説に代わって、球状の殻が地を包んでいるとする渾天《こんてん》説が成立した。後漢の張衡（七八～一三九）が書いたとされる『渾天儀』によれば、鶏卵のようにまるい天（殻）が地を包み、地は卵黄のようにその内部に位置し、天は大きく地は小さい。天の表面には水があり、天と地は水に載っていて気に支えられている。天の半分は地上を覆い、半分は地の下（水の世界）をめぐっているのである。[99] 天は多層化されているという伝承もあった。戦国時代後期の楚（?～前二二三）の歌謡を集めた『楚辞』の「天問」や、前漢の淮南《わいなん》王劉安（前一七九～前一二二）が編纂した『淮南子《えなんじ》』の「天文訓」には、天が九つの層から成っているという説がある。また、宇宙柱の概念もみられ、『楚辞』「天問」や『淮南子』「墬形訓」に、天空は八つの柱によって支えられているとある。

大地の中央には宇宙軸としての崑崙山があり、そこを死者の霊魂が移動するとされた。中国人の伝統的な霊魂観によれば、『礼記《らいき》』「郊特牲」に「魂気は天に帰し、形魄《けいはく》は地に帰す」とあるように、人間は死ぬと精神的な霊である魂と肉体的な霊である魄に分解し、魂は天に帰り、魄は土に帰ると考えられた。この天に帰るという魂について、当時の人々は不死の理想世界へ昇ると考え、昇仙図を描いた。その通路となっているのが崑崙山である。『史記』「天官書」などによると、天上世界の中心は、天帝太一神の住む北極星（北辰）である。崑崙山はそれに対応して大地の中央に位置し、柱のような形をしており、高さは天にまで達する山である。それは地上の山であるが、天帝が直轄するという意味で、天上に属する聖域である。魂は、中層の涼風に登ると不死、頂きの県圃に達すると霊になるとされる。県圃をさらに登ると天帝の居所である上天に出る。[100] このように天に昇った魂は、神＝祖霊となり、子孫の祭祀によって天上より降臨すると信じられたのである。[101]

霊魂観が示すように、中国人の宇宙的秩序は、生命力の「死と再生」によって成立している。したがって、宇宙の起源に関しても、宇宙巨人による「死と再生」によって宇宙が創成されたという神話が残されている。それが盤古神話である。三国時代の呉（二二二〜二八〇）の徐整が著した『三五歴紀』によれば、原初には天地はまだ分かれておらず混沌としており、鶏卵のようであった。この中に盤古が生まれてくると、天と地が分かれ始め、清い陽の気は天空となり、濁った陰の気は大地となった。天と地、および盤古は次第に成長し、やがて今のように天地が分離した。また、六朝時代の任昉《じんぼう》の『述異記』や、『繹史』巻一に引かれている徐整の『五運歴年紀』によれば、天と地の間に生まれた盤古が死ぬと、その死体がさまざまなものに化身した。息は風雲になり、声は雷になり、左の目は太陽になり、右の目は月になり、手足と体は山々になり、血液は川になり、肉は土になり、髪の毛や髭は星になり、体毛は草や木になり、歯や骨は金属や石になり、汗は雨になったのである[102]。これらの神話は、成長や生成をもたらす自然の生命力を、巨人によって可視化している。本来は目に見えないはずの自然のはたらきが、身体という目に見えるかたちで表現されているのである。

　宇宙に充満している生命力を、中国では古くから「気」と呼んだ。したがって、盤古神話以前に記録された中国の宇宙創成神話にも、気の思想の影響が強くみられる。原初の状態が胚胎していた生命力が、気の観念によってとらえなおされているのである。西暦前二世紀に書かれた『淮南子』の「天文訓」には、「天墜《てんち》未だ形あらざるとき馮馮翼翼《ひょうひょうよくよく》、洞洞灟灟《どうどうしょくしょく》たり、故に太始と曰《い》う。太始、虚霩《きょくわく》を生じ、虚霩、宇宙を生じ、宇宙、気を生ず」とある。馮翼《ひょうよく》とは、すべてを任せ切った態度を意味する言葉であり、浮遊する様子を示している。洞灟《どうしょく》とは謹厳な様子を言う言葉であり、厳粛な静寂が支配している様子を示している。つまり、原初にはすべてが混沌としてかたちがなく、静かに漂っていた。太始と呼ばれるこの状態から、虚霩という広漠とした空間が生まれ、それが宇宙となった。宇宙からは気が生まれ、気が自然に集まって天地となったのである。これは、自然の生命力の自発的なはたらきによる天地の生成である。『楚辞』「天問」の朱注に、馮翼とは天地の気が浮動するさまとあるように、生命力（気）は宇宙から生まれたというよりも、初めから太始に潜在しているのである。[103]

気には陰陽がある。もともと陰と陽は、山の日かげと日あたりを意味したが、やがて寒暖の意に用いられ、気の観念と結びついて四季の推移を支配するものとして考えられた。さらには、『荘子』「則陽篇」などにあるように、万物を生み出す二大根源とみなされた。一方、五行とは、木・火・土・金・水の五元素であり、『書経』「洪範篇」によれば、水は潤下《じゅんか》、火は炎上、木は曲直、金は従革、土は稼穡《かしょく》という性質をもつ。潤下とはものを潤すこと、炎上は燃え上がること、曲直は曲がったりまっすぐになったりすること、従革はそのままであったり革《あらた》めたりすること、稼穡は種を蒔き稔《みのり》を穫ることである。[104] 戦国期の鄒衍《すうえん》は、これによって王朝の交替を理論づけた。各王朝は、それぞれ五行のひとつを賦与されており、火→水→土→木→金の順で、火に勝つのは水、水に勝つのは土というような五行相克《そうこく》になっているのである。また五行は、四時のめぐりを主宰する陰陽の二気と結びつき、季節に応じて儀礼や法令を定める時令《じれい》の思想を生み出した。前三世紀の『呂氏春秋』「十二紀篇」や、それとほぼ同じ文を収める『礼記』「月令篇《がつりょう》」によれば、春は木、夏は火、秋は金、冬は水であり、季節と季節の中央に土が割り当てられた（土用）。それには、方位とともにそれぞれにふさわしい色や味などが配当された。その結果、五行の木は五時の春・五方の東・五色の青・五味の酸、火は夏・南・赤・苦、土は土用・中央・黄・甘、金は秋・西・白・辛、水は冬・北・黒・鹹などと結びつけられた。そして、為政者が季節に合った政治を行わなければ、自然と人間の調和が狂い、天変地異が生じると考えられたのである。

古代中国の方形都市は天地の縮図であり、そこには陰陽五行説が具現化されていた。『周礼《しゅうらい》』「考工記」の匠人の条によると、都城は九里四方の方形で、四周にはそれぞれ三門ずつ門が開かれ、また城内には南北と東西に九条ずつ道路が通じている。中央には宮室が位置し、そこから南面して左（東）には、祖先の霊を祀る宗廟が、右（西）には土地の神を祀る社稷《しゃしょく》があり、前方（南）には朝廷を、後方（北）には市場をおくと記されている。皇帝のいる首都は、夏至の日の正午にそこの日時計が影を落とすはずはないとされたように、宇宙の中心であった。[105]中国では、北極星が天の中心という観念があったため、宮室は北寄りに置かれるようになったと考えられるが、天子はやはり宇宙軸に立っている。そこは、東西南北の中心点で、四季の変化の極点であり、陽気が最高に充満していながら、すべての陰気も足元に潜伏している。「天を父とし地を母とする」天子は、天の陽気と地の陰気の調和を図らなければならないのである。そのための施設と考えられるのが「明堂」である。これは、「天円地方」をかたどった建物であり、天子は、春夏秋冬に対応した円環運動によってその座を移し、それとともに衣装や服玉なども、青・赤・黄・白・黒の循環に従って替えたのである。[106]

第四章　一神教的「見かた」

一神教的「見かた」では、知覚世界としての環境の外部に超越的な神の視点があり、神の視線（神への視線）は垂直的である。神の領域は天であり、人間と神の間は垂直方向に切断されている。したがって、神は地上の人間の視点から遠く隔たって在る。それとともに、この神はつねに人間の事にかかわっており、近くに在ると感じられる。遠くに在りながら近くに在《いま》す神は、宇宙論的「見かた」による階層的な空間秩序を超越し、その外部に立っている。また、神が人間の近くに在るということは、人間が神の視点を分けもつということである。人間は、他の被造物としての自然に対して、神が人間に対するようにかかわる。つまり、人間と自然の間に切断線が入る。逆から言えばこれは、人間が動物などの自然を統御・管理する父性的な存在であり、その関係が父性的な神と人間の関係に投影されているということである。これによって、図20のような「神―人間―自然」の垂直関係が成立する。

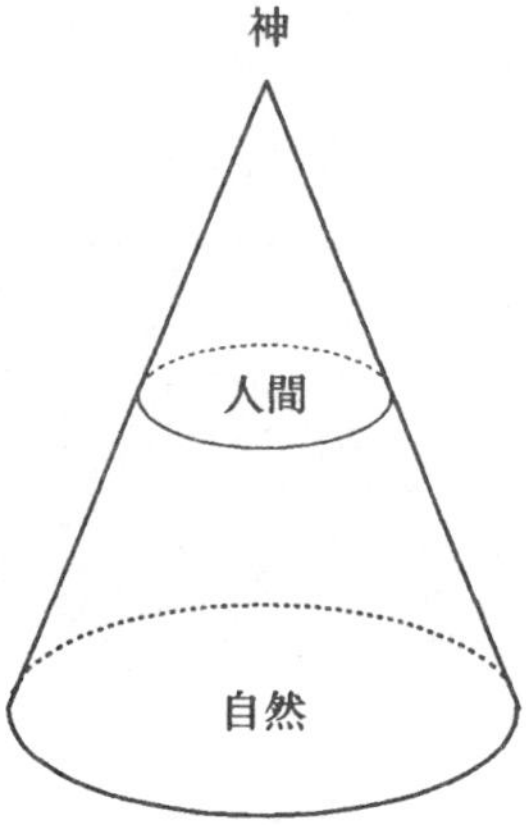

図20　一神教的「見かた」における人間・自然・神の関係

天空の至高神に対する信仰は、地域によって古くから存在する。しかし、至高神の多くは大地から隔たり、人間の現実世界から遠く離れているために、礼拝される機会が少なくなっている。このような神は、「デウス・オーティオースス（deus otiosus）」すなわち「有閑神」あるいは「暇な神」と呼ばれる。暇な神は、アフリカに多くみられる。至高神は基本的に創造神でもあるが、暇な神の場合には、宇宙起源神話において宇宙創成のプロセスが語られることは少なく、天＝神と地上との分離が強調される傾向がある。

大地から遠く隔たって在る天空の至高神が、人間の事に直接介入する場合、それは大地からの隔たりと、人間との近さという矛盾する性質をもった超越神となる。アフリカの牧畜民であるヌアー族は、天空と結びつくとともに人間の近くに存在するそのような神を信じている。神へのはたらきかけとして最も重要な儀礼が、供犠である。ヌアーでは、牛を「神―人間―自然（動物）」の人間の位置まで引き上げて殺し、神に捧げることで、宇宙的秩序の再生を祈る。

天空は、頭上のただひとつの広がりであり、地上を超越するとともに、さまざまな現象を通じて地上とかかわりをもつ。モンゴルの遊牧民には、この天空を神とする信仰が見られる。内陸アジアの遊牧文化は北ユーラシアの狩猟文化と連続性をもち、その宇宙論の影響が残されているが、大規模な政体の成立に対応して天空そのものが唯一の神として崇められた。同様の信仰は、古代ペルシアにも見られ、それを背景にゾロアスター教が成立した。強力な王権の発達した西南アジアにおいて、地上の王のように絶対的な権力をもった人格的な唯一神の観念が生まれたのである。唯一の神が預言者を通じて人間に自らの意志を伝えるという宗教として、ゾロアスター教の影響のもとでユダヤ教が生まれ、キリスト教、イスラームがそれに続いた。

唯一神教の中で、唯一神と地上の世界との関係が、人間と自然の関係に反復されているのがユダヤ＝キリスト教である。神がコスモスの究極的な支配者であるように、人間は万物の長として自然に対し君臨している。人間と自然は明確に区別され、人間は自然を統御するものとされるのである。とりわけ西方ラテンのカトリックでは、この「神―人間―自然」の垂直的な世界観のもとで、自然を神が創造した秩序として見る自然観が成立し、自然神学としての中世科学が発達した。一方で、唯一神と人間を対比させることは、天上と地上のつながりの復活を意味する。そのため、中世キリスト教世界では、大宇宙と小宇宙を対応させる聖書以前の宇宙論が再現されることにもなった。

至高神

一神教的な神は、特殊な至高神である。至高神は天に在る。なぜなら、至高神は神聖な秩序の頂点に立つものであり、それは空間的には上方を含意しているからである。至高神について、ジョージ・P・マードックが世界全域にわたる資料をまとめている。[1]そこでは、至高神（a high god）は、「すべての実在物を創造し、そして／あるいは、その究極的な支配者であると信じられている霊的な存在」として定義される。この定義には、その唯一の行動が他の精霊をつくりだすことであり、精霊が自然の世界を創造したり支配するという場合も含まれる。したがって、天空の霊的存在が至高神であるとは限らないし、またすべての創造者が至高神というわけでもない。

至高神に対する信仰は、マードックによって次のように分類されている。[2]

A　至高神は存在するが、暇であるか、人間の事に関心をもたない。
B　至高神は存在し、人間の事にかかわるが、人間の道徳に対して積極的な支援はしない。
C　至高神は存在し、活動的で、とりわけ人間の道徳を支援する。
O　至高神は存在しないか、宗教的な信仰についての確かな記述において報告されていない。

全知全能の至高神が氏族の道徳律を制定し、それを守るかどうかを監視しており、その至高神への礼拝が宗教生活の中心となっている場合、それはCのタイプにあてはまる。Cは、一神教的な神（超越的至高神）にほぼ対応すると考えられる。一方、人間の日常生活から遠ざかりすぎているために礼拝の対象とされなくなったものが、Aのタイプの至高神である。このような至高神が、「暇な神」である。Bのタイプは A と C の中間的な性格をもつと考えることができる。マードックの『エスノグラフィック・アトラス』の一覧表で至高神の観念の分布を見ると、Aはサハラ以南のアフリカに集中して分布しており、南北アメリカにも点在している。Bはデータの数が少ないものの、北ユーラシアにみられる。Cはキリスト教やイスラームの分布とほぼ一致している。またOはオセアニアで目立つ。

エリアーデによれば、至高神の観念は多くの地域で古くから存在したが、それに対する信仰は忘れられていったと考えられる。Aのような暇な神の存在は、その信仰の痕跡を示すと解釈できる。なぜならば、天空＝至高神は、古くからの文化を保持している地域でもみられるからである。エリアーデによると、オーストラリアでは、天空神的性格をもち、星、雲、嵐、雷、虹などと結びつけられている至高神が信じられている。それは、創造神であり、地上に短い滞在をしている間に秘儀を開示し、道徳律を定めたが、この神に対する信仰はトーテミズムの周辺におしやられている。この至高神への信仰が宗教生活の中心となっているところはない。また、インド洋東部のアンダマン諸島の至高神プルガは、人間の姿をしているとされ、天空に住んでいる。その声は雷鳴であり、その息は風であって、暴風は怒りのしるしである。プルガにも、隠遁して人間と再び会うことはなくなったという神話があり、それはこの神への礼拝の欠如と照応している。南アメリカ南端のフエゴ島のセルクナム族では、テマウケルという至高神は通常「天の居住者」とか「天上にいる者」と呼ばれる。この神は創造神であるが、星の上に隠遁して、現在ではこの世のことがらとは無関係になっている。[3]

Aのタイプに対応するこのような痕跡的な天空＝至高神は、サハラ砂漠より南のアフリカに集中して分布している。アフリカでは、天空を自然の主神として選ぶ傾向が一般的であった。[4] この天空の至高神は、万物の創造者である。たとえば、スーダン南部のディンカ族の至高神ニアリクは、語源的には「空」あるいは「高きにあるもの」を意味し、また創造神でもある。[5] 一般的に、このような天空＝至高神は、世界を創造した後、それを他の神々に委ねて天の彼方へ隠退したとされる。人間から遠ざかってしまった天空＝至高神の代わりとして、まず第一に祖先が礼拝の対象となっている。また自然のさまざまな精霊への信仰もあり、呪術も信じられている。疎遠となった至高の天空神は、崇拝されるとしても、きわめて稀な状況においてでしかない。ナイジェリアからトーゴにかけて分布するヨルバ族は、オロルン

（「天の所有者」）という天空神を信じている。この神は宇宙の創造を始めたものの、完成と管理を下位神にゆだね、地上のことがらから手をひいた。そのため、オロルンの神殿や像はなく、祭司もいない。ただし、災厄の時には最後にこの神に祈願する。アフリカ南西部のヘレロ族は、彼らの至高神をンジャンビと呼ぶ。この神は天上へ隠遁し、礼拝されない。なぜなら、死者とは違って、この神は何の害も及ぼさないからである。この神に祈りをささげるのは、予想外の幸運に恵まれたような時である。ガボンから赤道ギニアにかけて居住するファン族の創造神ンザメも、「ンザメは上に、人は下に。神は神なり、人は人なり」という歌に示されるように、人間から遠ざかっている。ファン族がこの神に祈るのは雨乞いのときだけである。[6]

創造神が天空へ隠遁した理由は、一種の宇宙起源神話において語られる。アフリカでは、ほとんどすべての部族が万物の創造者である至高神を信じているが、創造神による天地創成という神話は、西アフリカ南部など限られた地域でしかみられない。多くの地域では天と地の存在を前提として、世界の始まりが語られる。原初において天＝神と大地は接近しており、やがて天＝神が人間から遠ざかっていったのである。たとえば、ギニア湾沿いの地域には、大地から引き揚げてしまった神に関し、共通する神話がある。昔は、神は人間の頭のすぐ上の空に住んでいた。子どもたちは食事がすむと汚れた手を空で拭き、女たちは食事のための材料として空から小さな塊をもぎとって鍋に入れたりしていた。昔、長い杵をもった女がいて、彼女が穀物を粉にするときは、すぐ上の空に住んでいる神に杵がぶつかっていた。ある日、彼女は神の目を打って大きな打撃を与えたので、神は怒って別の所へ行き、それからずっとそこに留まってしまった。このため、人々は容易に神に近づけなくなったのである。[7]また、ザンビア西部のザンベジ川沿いに住むロジ族の創造神ニャンベは、人間を恐れて蜘蛛の巣を伝って天へ昇って行った。[8]アフリカ中央部のブルンジでも、昔、神と人間は一緒に住んでいたが、不具の子どもを造った神に怒った両親が、ナイフで刺すことを企んだため、神は創造の行為の後で立ち去った。[9]同じく中央アフリカのウガンダからコンゴにまたがって居住するルグバラ族によれば、昔、天と地は竹の塔か綱(あるいは巨大な樹)でつながっており、人間は天と地の間を自由に往来して、神(アドロ)と直接の交わりを結んでいた。やがてこのつながりは断たれ、天と地は遠く離れたのである。[10]

ヌアー族

マードックのAのタイプの暇な神のように、天へと隠遁した至高神が、そのまま空間的秩序の頂点にとどまり人間との関係を失えば、その神は信仰の対象としてはやがて忘れられるであろう。しかし、至高神は、遠い天に在ると同時に人間とともに在るという矛盾した存在になることで、空間的秩序を超越した一神教的な神になる。それは、宇宙論的「見かた」によって天界の至高神とは異なり、つねに人間の行動や日常生活に介入する神である。アフリカのヌアー（ヌエル）族は、Cのタイプに対応するそのような超越的至高神の観念をもつ。

スーダン南部のナイル川とその支流域の平原に住むヌアー族は、牛、山羊、羊の牧畜を中心とする牧畜民である。ヌアーは、ナイル川の増水する雨季には高台の定着村に住み、乾季には水を求めて平原に散らばり、キャンプ生活を行う。エドワード・E・エヴァンズ＝プリチャードが著した『ヌアー族の宗教』によれば、ヌアーの神は、クウォス（霊）と呼ばれる。神はいたるところに存在し、上界や下界の精霊としても姿を現す。したがってそれは「一にして多」なる存在であるが、どこよりも特に空に在ると考えられている。神は、風のようであり、空気のようでもあると言われ、空間的には高所に在るとされているのである。そのため、神は空と関係のあるもののすべてと結びつけられる。しかし、神は空そのものではないし、天空現象と同一視されることもない。神は空や月や雨ではないが、それらを通して顕現するのである。[11]

ヌアーの神は創造霊であり、宇宙を無《エクス・ニヒロ》からあるいは思考や想像によって創造した。ヌアーは創造神話をほとんど持たないが、神は天地や水やすべての生き物を創り、また慣習や伝統を人間に与えたとされる。[12] このような神は、宇宙のすべての事柄の超越的な根拠となる。エヴァンズ＝プリチャードの記述によると、「ヌアーがネ・ワルカ（始原の頃）というずっと昔に起こったことについて話すときも、あるいは昨日や今日の出来事について話す時も、神すなわち創造霊がすべての事柄の最終的説明になっている。たとえば、どんなふうにして事が始まったか、どのようにして現在の状態に至ったかと尋ねると、彼らは、神が創ったのだとか、現在のようになったのは神の意志だと答える」のである。また、神は生命を授け、それを維持してくれる者であり、さらには生命を奪う者でもある。[13]

このような神と人間との間には、大きな隔たりがある。それはディンカ族に起源をもつとも言われている次のような神話に示されている。

かつて天と地を繋ぐロープがあった。人間は年をとるとそのロープを伝わって天にいる神のもとへ行き、そこで若返らせてもらうとまた地上に降りてきた。ある日、ハイエナとスーダンでドゥラ・バードとして知られている鳥がこの方法で天にもぐりこんだ。神は地上に降りれば必ず災難をもたらすであろうこの二人の客を厳重に見張り、地上に帰らせてはならぬと命じた。ところがある晩、二人は逃げ、ロープを伝わって地上に降りようとした。二人が地上近くまで降りたとき、ハイエナはロープを切り、切り口より上側が天に引き上げられてしまった。こうして、天と地を結んでいたものが断ち切られてしまい、今や年とったものは死ななくてはならなくなったのである。なぜなら、一度起こったことはとりかえしがつかなかったからである。[14]

神は、遠い空にいる存在である。神に捧げるつぶやくような祈りは、目と手を遠く天に向けてなされる。しかし、同時に神は身近に感じられる存在でもある。神に語りかけるときには、一般的に「グワンドン」という呼称を用いる。これは「祖父」とか「祖先」を意味するが、もともとは「老いたる父」の意である。神は人間の創造者であり、また保護者でもあるという意味で父なのである。またヌアーは、神に対して「マード」(友よ)と呼びかけることがある。神は、人間が困っているときに助けてくれる友人でもある。神と人間の間には交流や接触がある。神は雷によって人に死をもたらす。そのようにして奪われた魂は神とともに住み、神の名において自分たちの親族を守る。風や空気のようにいたるところに存在する神は、さまざまな精霊を通して人間の事柄に介入する。また、祈りや供犠によって神と交流することが可能なのである。[15]

供犠は、ヌアーにとって最も典型的な宗教行為である。ヌアーの供犠は二種類に大別できる。ひとつは、目前の危険を避けるために個人のレヴェルで行われるものであり、もうひとつは、通過儀礼などの社会活動に伴って集団のレヴェルで行われるものである。ほとんどの供犠は前者であり、その場合の供犠の対象は、基本的に神のみである。神は、ときに人間を助けてくれる一方で、つねに危険な存在である。罪を犯したときや病気になったときは、神にすがって罪を償ったり、その怒りをなだめなければならないのである。供犠には、おもに雄牛が用いられる。また、去勢した山羊や羊が代用される。獣が手に入らないときは、野生のキュウリが使われることもある。ヌアーには祭殿がなく、供犠は住居小屋の前や家畜囲いの内外で行われる。供犠には原則として四つの段階がある。それは奉献、聖別、語りかけ、屠りである。奉献では、地面に打ち込んだ杭に獣を繋ぐ。これは、獣を神へ差し出すことである。聖別では、牛糞を燃やした灰を右手で獣の背中に軽くこすりつける。語りかけでは、聖別された獣を前にして、供犠の目的などを神へ語りかける。そして、屠りにおいて、雄牛は槍で心臓を突かれ、羊や山羊は槍で喉を切られる。これによって、聖別された生命（イエグ）は、神のもとへ去って行く。残された肉体（リン）は切り分けられ、おもに供犠者の家族と親族によって食べられるのである。[16]

ヌアーの男は、雄牛と自分を同一視していると言われる。若者は成人式のときに、父から雄牛をもらう。彼は、その色や角の形などから「雄牛名」を考え、その名前で人々から呼ばれるようになる。男と雄牛は、等号で結ばれうるのである。したがって、供犠において、雄牛の生命は人間の生命の代替物となっている。獣を聖別するために灰をこすりつけることは、人間の生命を獣の生命と置き換える行為である。ヌアーにとって、右手は人物全体を表象している。右手を獣の背中に置くことは、右手を置いた人物（もしくは彼が代理を務める人物）と獣との同定を意味すると考えられるのである。供犠においては、羊も山羊もすべて「牛」であり、雄牛の代わりに過ぎない。供犠において実際にいけにえとされるのは羊や山羊の場合が圧倒的に多いのであるが、しかし供犠における等号関係が成立するのは人と「牛」との間であり、羊や山羊との間ではない。殺されるのが羊や山羊であっても、言葉のうえでは理想とされる等号関係が守られている。ヌアーにとっての牛は、人間と神との交流を可能にする手段であり、「目に見えるものと超越的なるものとのあいだのかけ橋」なのである。[17]

ヌアーにとって、牛は動物的な秩序の頂点に立っている。牛は人間との間で等号が成り立つ存在であり、殺されることで神のもとへ行く。これは、「神―人間―動物」の階層的な秩序において、特定の動物が人間の位置まで引き上げられ、遠く天に在る神へと捧げられるということを意味している（図21）。人間と動物は、自然の「死と再生」の循環の一部として互いに結びついているわけではなく、両者の間には断絶がある。ヌアーは、厳しい飢饉などの場合をのぞき、肉を食べるという目的で家畜を屠ることはない。牛ばかりでなく羊や山羊も、供犠という目的以外で屠ってはならないと考えられている。また、ヌアーは狩猟に関心がない。魚をのぞいて、野獣を殺すことはめったにない。これは、人間と動物との関係を終

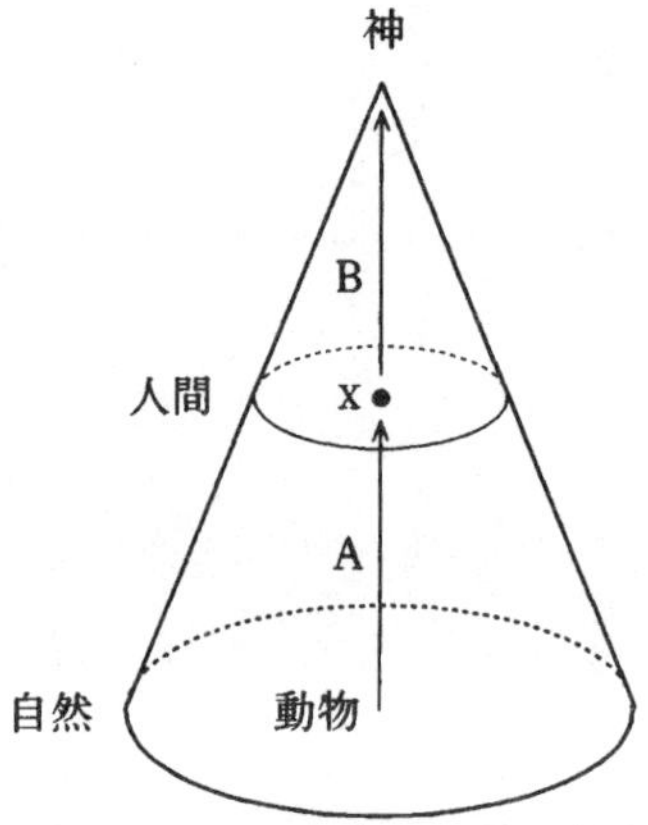

図21　ヌアーにおける「神―人間―動物」の階層と供犠の関係
xは聖別された牛、Aは聖別による引き上げ、Bは屠りによる神のもとへの移動を示す。

わりのない相互交換としてとらえる狩猟民的な「見かた」とはまったく異なる。両者の間は不連続である。ヌアーは、「野獣も自らの権利で生きていると考えているのであり、自らも生き、野獣も生かすというのが彼らの生き方なのである」[18]。

ヌアーは、神クウォスと人間の間にも明確な切断線を入れている。「神は上界の人（ラン・ニアル）」であり、「人間や死霊は下界の人（ラン・ピニィ）」であって、両者ははっきりと区別されている。ヌアーによると、人は死ぬと、リン（肉体）、イエグ（呼吸または生命）、ティエ（知力または魂）の三つの構成要素に分解するといわれている。リン（肉体）は、死んだとき埋葬される。イエグ（生命）は、人が死ぬときゆっくりと弱っていき、最後には神のもとへ去っていく。したがって供犠では、人間の代わりに牛のイエグが神のもとへ行く。イエグは他の動物ももっているが、ティエ（魂）は基本的に人間しかもたない。そして、ティエ（魂）とクウォス（霊）は全く性質が異なる。魂は人間の一部であり、創造されたものである。クウォスは人間にとっては外部のものであり、外から人間にはたらきかけるものなのである[19]。

ヌアーは、落雷で死んだ人の魂はクウォスに変ずると言うが、基本的に人間の霊魂が神になったり、神のもとで再生するとは考えていない。そのため、死は恐怖である。ヌアーは、死について話すのをできるだけ避けようとし、話す必要がある場合には、死を何よりもこわがっているような話し方をする。死者は忘れ去られる。ヌアーは、死霊が面倒を起こさない限り、それにほとんど関心を示さない。人々が「姿を消す（死ぬ）」ということは、彼らが永久に去ったということである。「死者は別のところに住んでいる。彼らは死霊になった」。死後の世界があるということは信じられているが、その場所や、そこでの生活の様子については知ろうとしない。死者の世界は地下にあり、そこでは村と同じ生活が営まれていると言われたり、死者は「神の親族」あるいは「神の民」になったと語られることもあるが、他界についての観念は曖昧なのである。ヌアーの宗教は現世的であり、クウォスが視線の焦点となっているために、死霊に対しては祈り（パル）を捧げない。死霊自体は、人間の願いに応える力をもたないからである。祖先祭祀は存在せず、埋葬地も標識がないのですぐに忘れられてしまう。死に関する儀礼は、死者を生者から分離するためのものである。死者には死霊としての地位を与え、生者のもとに戻ってこないようにしなければならない。そのため、埋葬して数カ月後に行われる喪明けの儀式では、「死霊よ、われわれとの縁はもう切れてしまっているのです。あなたたちは神の世界の一員なのです。あなたたちは他界の人びとなのです」と、繰り返し唱えられるのである。[20]

北・中央・西南アジア

アフリカのヌアーの近隣に分布する民族は、一般的にAのタイプの暇な神の観念をもっている。ヌアーはそれらの民族から、新しい精霊の概念や、禁忌に関するさまざまな観念を取り入れているが、その一神教的な信仰は独自性が強く、歴史的な起源を推定することは困難である。それに対してユーラシア大陸では、宇宙論的「見かた」を背景に一神教的「見かた」が成立したことが推測できる。北アジアに残る狩猟文化の宇宙論的「見かた」が、内陸アジア（広義の中央アジア）の遊牧民において変容し、天空そのものが至高神となった。その神は、天空の唯一性を反映して一神的になりえた。このような遊牧民的文化と、強大な王権が発達した西南アジアの古代文明との接触点で、唯一神教が生まれたのである。

北アジアでは、宇宙論的「見かた」による階層的な宇宙が信じられているが、そのコスモスの頂点に立つ至高神は、暇ではないものの人間社会に関心が薄く、マードックの定義によるBのタイプに分類される。エリアーデによると、ウラル・アルタイ系の至高神は、大地と人間の創造者であり、階層的宇宙の頂点である第七、第九、あるいは第十六の天に住む。シャーマンは恍惚状態で昇天して、神やその一族郎党と会う。しかし、一般に至高神は、人間の行動に関心を寄せることのない、きわめて縁遠い存在となっている。たとえばアルタイ系ツングース族のブガ(「天」「世界」)はすべてを知っているが、人間のことには介入せず、悪人を罰することさえしない。ツングースは、天の神がかれらに幸運や不運をもたらす基準が理解できないと言うことさえある。同じくアルタイ系ヤクート族のウリュン・アイー・トヨンは、第七天の白大理石の玉座を占め、万物を統御しているが、善のみを行うため、やはり人間を罰することはない。ウラル・アルタイ系民族にとって、至高=天空神は祈りの対象ではあるが、宗教生活全体がこの信仰に支配されているとはいえない。[21] この神は、死後の生活にも関わらない。ロット=ファルクによれば、一部のシャーマンを例外として、人々はこの世でもあの世でもこの神の近くには決して寄りつかないのである。[22]

北アジアの狩猟文化では、動物の「死と再生」が信じられており、その循環は、「骨からの再生」や「動物の主《ぬし》」の観念、「もの送り」の儀礼などと強く結びついている。北アジアからアメリカにかけて、動物や人間が骨から生まれ変わるという説話が広く分布している。[23] 狩猟民は、動物の骨に生命の源を認め、「骨からの再生」を信じたのである。また、ひときわ大きく立派な毛並みをもつような個体が、その種についての死と再生をつかさどるとされる。こうした個体は、最高の獲物であるにもかかわらず、殺害が回避される。さらに、特定の動物種が自然界をつかさどる主あるいはその化身として神聖視されている。[24] その代表が熊である。殺された熊は、熊祭において霊の国へ送られる。獲物の一部を特別に処置するいわゆる「もの送り」の儀礼の代表である熊祭とは、狩猟民の生命を支える動物が繁殖することを祈り、「動物の主」的な性格をもつ熊を殺して、霊の国に送る儀礼である。その際、骨は傷つけたり捨てたりしてはならず、特に頭骨は大切に扱われる。骨の保存が、再生を保証するのである。

狩猟民においては、人間と動物の関係はきわめて密接である。たとえば熊はあたかも人間であるかのようにとらえられている。ニヴヒの熊祭の由来を語る伝説では、ニヴヒの一人が道に迷って「山の人」の領域に入ったとき、熊たちが人間の姿をして生活しているのを見る。「山の人」は、熊の毛皮を着て人間の世界に出かけるのであり、言わば、熊は仮装した人間なのである。[25] さらに、熊が人間の祖霊と考えられたり、人間も骨から再生するという民話があるように、動物と人間は、「死と再生」の循環の同じ地平上にある。狩猟民にとって、空間的に人間の領域は動物の領域に包み込まれている。異界としての動物の領域は、神々の領域である。そのために、北ユーラシアの狩猟民においては、動物たちのほうが人間よりも高貴で神聖であるとされるのである。[26]

それに対して、内陸アジアの遊牧民であるモンゴル族は、北アジアの狩猟文化と連続性を持ちながら、その環境の「見かた」は宇宙論的「見かた」と一神教的「見かた」の中間に位置する。モンゴル族は、モンゴル高原で伝統的に、羊、山羊、牛、馬、ラクダの五畜を放牧し、季節によって宿営地を移すという遊牧を展開してきた。宿営地には、「ゲル」と呼ばれる円形のテント式住居が集まる。一般に、夏には多くのゲルが丘陵の尾根や湖畔に集合し、冬には北西季節風を避けるために山かげに分散する。[27]

小長谷有紀の報告によれば、北ユーラシアの狩猟民にみられる「骨からの再生」「動物の主」「もの送り」の観念は、モンゴルの遊牧民にも共通している。狩猟民と同様に、遊牧民も動物（家畜）の増殖を望みながら、それを殺すことで肉を手に入れている。この矛盾を解消するのが、「骨からの再生」を祈る儀礼である。モンゴルの伝統的な暦では、冬・春にそなえて家畜をいっせいに屠る十一月が「屠殺月」とよばれ、通常牛一頭と羊数頭が各戸で屠殺される。このように貯蔵食糧をまとめて用意するための屠殺に際して、「アマンフズーのしきたり」とよばれる儀礼が行われる。アマンフズーとは、直訳すれば「口の首」を意味し、頸椎の六つの骨のうちの下顎骨にもっとも近い骨をさす。つまり、頭部と胴体をつなぐ最初の骨であり、ときに魂が存在するといわれる骨である。儀礼に用いられるのは牛の骨に限られ、基本的には、アマンフズーの骨に獣脂や草をつめて飾って、それに火をくべ、牛の再生を祈る祝詞が唱えられるのである。[28]

また、モンゴルの家畜には、「動物の主」的な性格をもつものがいる。家畜の群れの中にしばしば聖別化された個体がいて、これは殺しを回避されるのである。そのような個体は、モンゴル語でオンゴンあるいはセテルテイとよばれる。セテルとは聖別の目印としてつけられた首飾りを意味し、セテルテイとは、それをつけた家畜をさす。一方、オンゴンは、もともと祖先霊を意味した。オンゴンやセテルテイと呼ばれる個体は、すべての家畜種に認められる。それぞれの群れのなかに特定の個体が設定され、その個体が生きていることで、群れ全体の繁栄が保証されると見なされているのである。[29]

モンゴルで「もの送り」の儀礼に相当するのが、祖先霊や、病気の原因となっている精霊などに対して家畜を屠殺し供える場合におこなわれるズルドの儀礼である。ズルドとは、つながったままの状態で取り出された内臓であり、それが樹木などに掲げられる。これは、動物の身体のなかで再生を司る部分だけを残しておくことを意味し、もともと狩猟された動物を再生させるための儀礼であったと考えられる。[30]

このように、モンゴルの遊牧文化は北アジアの狩猟文化と連続性をもっている。しかし、モンゴル族では、動物と人間との間に切断線を入れる傾向が強くなっている。アマンフズーの儀礼で屠殺される牛や、家畜群のなかでオンゴンやセテルテイと呼ばれる個体は「動物の主」的性格をもち、またオンゴンには祖先霊とのつながりが暗示されるが、あくまでもそれは人間に統制されている家畜のなかの個体であり、増殖もその範囲のなかでおこなわれる。アマンフズーの儀礼における典型的な祝詞は、「殺した所からまだらの子牛が生まれよ／まだらの子牛から十万となれ／打ち倒した所から斑点の子牛が生まれよ／斑点の子牛から千万となれ」という慣用表現が中心となっている。[31] この「殺した所から」「打ち倒した所から」という表現は、人間の目に触れることのない異界というより、人間の住むこの世界において家畜が再生されるということを暗示している。ズルドの儀礼も、異界としての動物の領域への「もの送り」ではなく、祖先霊などへの供犠であり、これは儀礼における家畜の利用ということができる。

北アジアと比べてモンゴル族では、人間と動物（家畜）の間のように、この世界と至高神の間にも切断線が入る傾向が強い。至高神は、人間の領域と連続している階層的宇宙の頂点を占めるというよりも、人間の世界を超越した存在となっている。モンゴル族における至高神は「テングリ」と呼ばれる天空神である。テングリは、頭上を覆う天そのものであるとともに、絶対的支配者としての神でもある。それは、宇宙秩序の維持者であって、人間界を支配しており、人間の保護者であるとともに、自然現象を通じて罰を下す審判者でもある。モンゴルでは、清朝時代にチベット仏教が盛んとなり、また社会主義体制下では宗教が抑圧されたが、テングリに対する信仰は根強く維持されてきた。天に対するこの信仰は、大地に対する信仰でもある。テングリ信仰を示す儀礼として、酒を飲む前に薬指で最初の一滴を天地に捧げるということがあるように、天と地は不可分なのである。[32] 両者の一体性は、「オボー」

からも読み取れる。オボーは、土や石を積み上げて円錐形に作った基壇の上部に木の枝をさし、その中心に三叉矛や槍を立てたものであり、そこに供え物をして大地の神に祈る。これは、北アジアの諸民族が儀礼の際に、テントの煙出の穴から先が突き出るように立てたり、あるいは村の中央に立てる、天と地をつなぐ柱と共通するものである。したがって、オボーを祭ることは、テングリに対して祈ることに通じるのである。

モンゴル族は、神であるこのような天地に対して、五畜の豊饒を祈る。たとえば、初めての乳を天地にふりまくことで、家畜の増殖を祈る儀礼がある。この搾乳儀礼では、「最上の／ハーンである永遠の天よ／ハーンである地と水よ」という呼びかけから始まる祝詞を唱えて、天地に乳を捧げる。[33] このような儀礼や、天地に酒の一滴をふりまく行為は、テングリ（天）が人間世界から遠く隔たっていながら身近な存在でもあることを暗示している。言わば、テングリは空間的な秩序を超越しているのであり、地上の「死と再生」の循環と直接的なかかわりをもたない。搾乳儀礼は、初乳を捧げることで、家畜の増殖などに対する神の加護を求めるものであり、神による異界からこの世界への霊魂の送り返しなどを願うものではない。人間の葬儀でも、天は「死と再生」の循環の外部に位置する。乳児の遺体は袋に入れて道端に放置され、通りすがりの人が袋から出してあげると、霊魂がその人の家に生まれ直すと信じられている。[34] この再生において、霊魂は天のような遠い他界と往来しているわけではない。しかも一般的な葬儀では、此界と他界の間での「死と再生」の循環が願われるのではなく、死者を生者の領域の外部へ送り出すことに主眼が置かれているようである。葬儀は、モンゴル語で「オルショーラハ」と呼ばれることが多い。これは「オルシフ（存在する）」の使役形であり、「（永久に）そこにあらしめる」という意味である。死者が送り出される外部とは、テングリである。モンゴルでは人間の遺体を葬地に放置する風葬が最も広くみられ、それは普通「テングリド・オルショーラハ（天へ葬る）」と呼ばれる。[35] 生者世界の外部としての葬地は、天と不可分なのである。

モンゴル族やトルコ族の天空神であるテングリは、天そのものとして地上を超越していながら、大地と結びついており、人間にとって身近な存在でもある。大平原は、頭上を覆う天空と足元に広がる大地が地平線でひとつになっている生活空間である。したがって、そこに住む遊牧民にとり、テングリ（天）は人間を超越しつつ支えてくれる比類のない存在である。天空そのものを至高神とする信仰形態は、中央ユーラシアの遊牧民族に古くからみられた。中国における天の崇拝も、その影響と考えられる。コスモスの主宰者としての天の観念は、周代（前一〇五〇？〜前二五六）にさかのぼる。周の前の王朝である殷（商）の時代にも、天らしき文字があったが、それは至高神や天空という意味で使われているわけではなく、また殷の至高神は、天とは異なる「上帝」と呼ばれる神であった。前十二〜十一世紀ごろ中国西北部に侵入して王朝を立てた周は、もともと遊牧部族であったと推定され、殷周革命により殷王朝を滅ぼすとともに帝を天に代え、王は天の子であると宣言したのである。[36]

テングリへの信仰は、前三世紀末からモンゴリアで繁栄した遊牧騎馬民族である匈奴にもみられる。匈奴の首長は「単于《ぜんう》」と呼ばれたが、その完全な呼び名は「撐犁孤塗単于《とうりことぜんう》」であり、「撐犁」はテングリ、「孤塗」は子、「単于」は広大を意味し、「天の子の大いなるもの」を表していた。つまり、単于はテングリによってその資格が与えられたとされる存在であった。また、六〜八世紀に、北アジアを中心とし、中央アジアをも支配したトルコ系部族である突厥《とっけつ》も、天を崇拝し、すべては天の意志とその恩恵によってもたらされると信じていた。しかも、天は地と結びついていた。突厥は、ウチュケン山の西方にある山の頂の裸地で大地の神を祀ったが、そこは「勃登凝梨《オボー・テングリ》」と呼ばれたのである。[37]

モンゴル帝国（一二〇六年創建）でも、テングリはコスモスの支配者であり、王権の根拠であった。『モンゴル秘史』の冒頭には、上天《テングリ》からの定命によって、この世に蒼き狼が生まれたことから始まる始祖伝承がある。その子孫であるチンギス・ハンは、重大な決心をする時や戦いの前後に「テングリ」に祈り、その意志に従った。[38] キプチャク・ハーン国のマング・ティムール（在位一二六六〜八二）は、フランス王に送った手紙に、「永遠なる神の秩序はこうである。天には唯一の永遠なる神がいますだけで、地には神の子、主なるジンギス＝

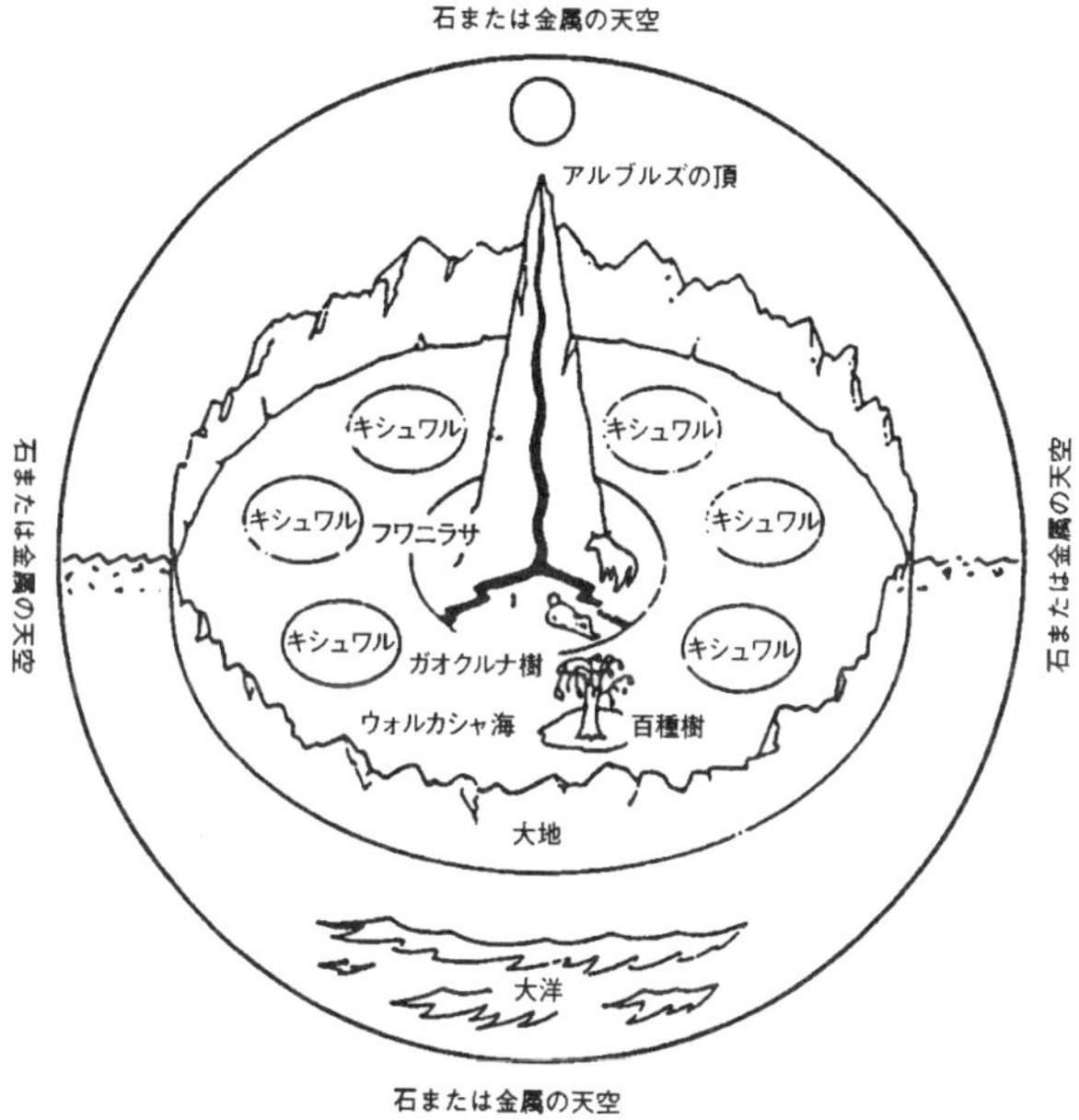

図22　古代ペルシア人の宇宙観
ジョン・R・ヒネルズ著、井本英一・奥西峻介訳『ペルシア神話』（青土社、1993）、p.46.

カンのみがいるだけであろう」と記している。[39]

古代のペルシア人も、天空を神として崇拝していた。その宇宙観（図22）によれば、空は堅い物質からできており、世界を覆っていた。世界の中央にはアルブルズ山がそびえ、その頂は天空に達していた。山頂から天へと橋が架かっており、死者の魂が渡るとされた。最初の雨で形成されたウォルカシャ海には、ガオクルナ樹と百種樹という二本の木が立っていた。宇宙が更新されるとき、人間はガオクルナ樹から不死の薬を飲む。また百種樹の種子から、他のあらゆる樹木が生えた。ウォルカシャ海によって、大地は中央のフワニラサとその周辺のキシュワルの七つに分かれた。別の大地へ移動するためには、天の雄牛スリソークの背に乗るしかないが、スリソーク牛は宇宙の更新の際に犠牲とされる運命にあり、半人半牛のゴーベッド・シャーが見守っていた。[40]古代ペルシアでは、このような宇宙に内在するさまざまな力としての神々が信仰されたが、とりわけ山頂での天空への祭祀が重視された。前五世紀のギリシアの歴史家ヘロドトスは、次のように述べている。

ペルシア人は偶像をはじめ神殿や祭壇を建てるという風習をもたず、むしろそういうことをする者を愚かだとする。思うにその理由は、ギリシア人のように神が人間と同じ性質であるとは彼らは考えなかったからである。ペルシア人は天空全体をゼウスと呼んでおり、高山にのぼってゼウスに犠牲をささげて祭るのが彼らの風習である。また彼らは日、月、地、火、水を祭る。[41]

このような天空神への信仰を背景に、ペルシアでは前六世紀には人格的な唯一神という観念が生まれていた。預言者ゾロアスターが唯一の神の委託を受けてその神の意志を伝え、人間に倫理的な服従の義務を課したのである。超越的かつ倫理的な人格神がコスモスに君臨するという構図は、西南アジアの絶対的な王を頂点とする社会構造と重なり合う。ヴェーバーは、西南アジア的な「超世界的にして人格的、倫理的な神」の概念は、「合理的な官僚支配体制をもつ地上での唯一全能なる国王といったものにいちじるしく対応する考えであって、その間の因果関係はどうしても否定しがたい」と述べている。雨の少ない西南アジアのメソポタミアでは、収穫を生み出すのはおもに人工の潅漑であり、エジプトでは、河川治水であった。国王の水利事業は、砂漠のなかで収穫物を無から作り出すものであり、また国王は法律によって正義すら創造する。これが、世界を無から創り出す神という観念のひとつの源泉となった。しかし、エジプトやメソポタミアでは、この神は唯一神とはなりえなかった。祭司階級の力が、一神教への途をふさいだのである。逆にその周辺では、中心地域の強大な王の権力に圧迫感を与えられた諸民族が、それと対抗するために天上に王を見いだした[42]。この天上の王こそ、天空のもつ唯一性を身にまとった神である。

唯一神教

西南アジアでは、ゾロアスター教、ユダヤ教、キリスト教、イスラームといった唯一神教が生まれた。前六世紀初めにイラン北東部でゾロアスター（前六三〇〜五五三頃）が創唱したゾロアスター教は、アフラ・マズダを多くの神の中の最高神ではなく唯一神であり、宇宙を創造し、支配しているものとした。世界は、この唯一神が創造した光と闇の闘争としてとらえられる。そして世界の終わりに、光の神アフラ・マズダが、死者を蘇らせ、正義の人々に永遠の生命を与えるのである。[43] ゾロアスターが亡くなると、以前の多神教の神々が復活したが、その唯一神、光と闇、終末論といった観念は、ユダヤ教に影響を及ぼした。

ユダヤ教における唯一の神は、ヤハウェとよばれる。ヤハウェは、エジプトやメソポタミアの宇宙論的秩序を超越するものとして描かれている。それを示すのが、『旧約聖書』「創世記」の天地創造神話である。これは、バビロニアの神話である『エヌマ・エリシュ』に依拠して書かれている。しかし、『エヌマ・エリシュ』では宇宙に内在する神々のさまざまな活動が描かれるが、創世記では宇宙の外に立つ創造神が孤独に作業をおこなう。「前者には、創造の神聖諸力が原初のカオスから姿を現すが、後者では、神の前には何物もなく、彼の創造の行為が万物の始まりであって、カオスもまた、ただ神の行為を待つ否定的な性格におとしめられている」のである。[44]「創世記」は次のように始まる。

初めに、神は天地を創造された。地は混沌であって、闇が深淵の面《おもて》にあり、神の霊が水の面《おもて》を動いていた。神は言われた。
「光あれ」

こうして、光があった。神は光を見て、良しとされた。神は光と闇を分け、光を昼と呼び、闇を夜と呼ばれた。夕べがあり、朝があった。第一の日である。

神は言われた。

「水の中に大空あれ。水と水を分けよ」

神は大空を造り、大空の下と大空の上に水を分けさせられた。そのようになった。神は大空を天と呼ばれた。夕べがあり、朝があった。第二の日である。

神は言われた。

「天の下の水は一つ所に集まれ。乾いた所が現れよ」

そのようになった。神は乾いた所を地と呼び、水の集まった所を海と呼ばれた。神はこれを見て、良しとされた。

原初の「深淵（テホム）」とは、『エヌマ・エリシュ』における原初の存在である淡水の「アプスー」や海水の「ティアマト」が意味するものと同じである。『エヌマ・エリシュ』では、アプスーとティアマトの交わりによって神々が生成し、天地が造られた。これは、深淵に内在する生命力のはたらきによる宇宙創成である。それに対し、「創世記」では神が深淵の外に在る。原初の宇宙水を超越している神が、その暗い混沌としての水に対して、神の意志を表す言葉ではたらきかけることによって、宇宙を創造しているのである。

このように、ヤハウェは宇宙を超越した存在であり、その意味で人間と切断されている。エジプトやメソポタミアの宇宙観では、人間の世界と神々の世界とは連続している。この連続性があるために、宗教儀礼により神聖な力が勝利を収めることで、世界全体の秩序は再生される。それに対して旧約聖書では、神は自らが創造したコスモスの外に在り、それに対立しているのである。[45]宇宙を超越しているヤハウェは、どのようなかたちも取らない。しかし、それは旧来の宇宙観の中からでてきたものでもあるため、至高神としてやはり天空と結びつけられている。大空はラキアーと呼ばれ、それは金属の延べ板のシートを意味する。[46]金属でできたドームのような天の上には「上の水」があり（創世記一・六―七）、そこにある「天の窓」が開かれることで洪水となった（創世記七・十一）。この天で、神は王座についている（ダニエル書七・九、十三）。また、雷鳴はヤハウェの声であり、稲妻はヤハウェの矢と呼ばれた（詩篇一八・十四―十五）。ヤハウェはモーセに律法を伝えるとき、「雷鳴と稲妻と厚い雲」によってみずからを現したのである（出エジプト記一九・十六）。

ヤハウェは、「天が地を高く超えているように／わたしの道は、あなたたちの道を／わたしの思いは／あなたたちの思いを、高く超えている」（イザヤ書五五・八―九）とある通り、天のように人間から遠い存在であるが、同時に人間にとって身近な存在でもある。ヤハウェは、ヤハウェに向かって祈る個人に来臨し、滞留（シェキーナー）するのである。このような結びつきは、ヤハウェとイスラエル人との契約で成立したものである。モーセは、イスラエルの民を代表してシナイ山でヤハウェと契約を結び、ヤハウェがイスラエルの唯一の神となり、イスラエルがヤハウェの選民となるという契約関係（シナイ契約）が成立した。人間は、契約違反の罪を犯しやすい弱い存在である。そこでヤハウェは、この世の終わりに最後の審判を行う。罪人《つみびと》は永遠の罰、正義の人は永遠の生命を受けるのである。

キリスト教は、ユダヤ教における神と人間の契約を「古い契約（旧約）」とし、イエス・キリストが「新しい契約（新約）」を樹立したとする。古い契約においては、人間は罪を犯すことで契約を守れないが、新しい契約では、キリストがその罪を贖うことにより、人間と神とを結びつけるのである。したがってユダヤ教と同じく、キリスト教の神も唯一神であり、天上の存在とされる。祈りは「天におられるわたしたちの父よ」（マタイによる福音書六・九）に始まり、イエス自身も「天にあげられ」（使徒言行録一・九）、「神の御前《みまえ》に現れてくださった」（ヘブライ人への手紙九・二四）。キリスト者の「本国」（フィリピの信徒への手紙三・二〇）あるいは「故郷」（ヘブライ人への手紙十一・十四―十六）は天に存在するのである。

ユダヤ教と同様にキリスト教でも、神は人間にとって天のように遠い不可視の存在でありながら、身近な存在でもある。キリスト教の神は、唯一なる神であるとともに、「父」「子」

「聖霊」の三位一体として理解されている。「父」としての神は、人間となることにより（受肉）、地上に姿を現した。それが「子」なる神イエス・キリストである。そして、イエスが去ったあとも、神は「聖霊」を通じて人間を助ける。パウロによれば、「わたしたちに与えられた聖霊によって、神の愛がわたしたちの心に注がれている」（ローマの信徒への手紙五・五）。人間は、キリストを通じて神と結びついており、聖霊によって神の国へと導かれるのである。

イスラームの神アッラーも唯一神であり、イスラームの信者にとって、それはユダヤ教、キリスト教と同一の神である。イスラームは、ムハンマドが六一〇年に創唱した唯一神教であり、アラビア語でイスラームは、「唯一神アッラーに絶対的に帰依すること」を意味する。ムハンマドはアッラーの使徒として、自らに下された啓示を人々に伝え、最後の審判に備えなければならないと警告した。その啓示をまとめたものが『コーラン（クルアーン）』である。『コーラン』[47]の中で繰り返し強調されているのは、「汝らの神は唯一なる神」（二・一五八）ということである。神（アッラー）には「子もなく親もなく、ならぶ者」もいない（一一二・三―四）。神はただ一つであり、それ以外に神はない。したがって、イエス・キリストを神の子とするキリスト教の立場は、激しく否定される。アッラーは全知全能であり、宇宙の創造者・支配者である。アッラーは、六日で宇宙を創造したといわれる。この創造はただ「在れ（クン）！」との命令による無からの創造であり、それ以来、アッラーの創造行為は不断に続いているとされる。[48] 宇宙は、古代の宇宙論を反映して七層の天界と七層の地界から成る（六五・十二）。そして、ユダヤ教のヤハウェやキリスト教の父なる神と同じく、アッラーも天と結びついている。「御命《みこと》は次々に天から地へと下りてくる」（六五・十二）とあるように、アッラーの言葉は天からもたらされる。「その王座は蒼穹と大地を蓋ってひろがり、しかも彼はそれらを二つながらに支え持って倦みつかれ給うこともない。まことに彼こそはいと高く、いとも大なる神」なのである（二・二五六）。

アッラーは、並ぶものなき神であり、アッラーに比べられるものは何も存在しない。これは、アッラーの絶対的な超越性を意味する。アッラーは、人間にとって無限に遠い高みにいる超越神である。その一方で、アッラーは、「人間各自の頸の血管よりもっと近い」（五〇・一五）存在であり、人間に無限に近い内在神でもある。超越しつつ内在するアッラーは、人間のように自分を語り、感情を表す人格神であり、そのため、アッラーと人間との間には、人格的な関係が成立する。ただしそれは、キリスト教のような父と子の親子関係ではなく、神は主人、人間はその奴隷であるという主奴関係である。アッラーは絶対的な権力をもつ支配者であり、人間は無条件に自分を神に委ねるほかはない。[49] アッラーは、来世において正しい者を天国に迎え入れる正義の神であるとともに、「悔い改めて帰ってくる人々にたいしては、すべてを快く赦し給う」（十七・二六）慈悲深い神でもあるが、根本的には、「誰を赦し、誰を罰するもすべて御心次第」（四八・一四）なのである。

一神教的自然観

一神教的な神は、地上の存在をはるかに超越している。したがって、神と人間とのへだたりに比べると、地上に共存する人間と動物（家畜）のへだたりは一般的に小さい。人間は家畜を支配する存在であるため、両者の間にも上下関係は成立している。しかし、ヌアー族において成人男性と雄牛が同一視されたり、モンゴル族において聖別化された家畜が祖先霊を意味するオンゴンと呼ばれたりするように、超越的な神のもとでは人間と家畜は一部重なり合った存在である。神の地上に対する超越性が強調されるほど、地上における階層性は小さなものとなる。そのような宗教の典型的な例がイスラームである。イスラームでは、唯一の神の前ですべての人間は平等であり、また人間と自然の間にも存在の価値の差を認めない。たしかに『コーラン』によれば、人間を取り巻く自然のあらゆるものは、神が人間のために造ってくださったものであり、人間はそれらを利用している（十六・五―十八）。しかし、それらは神の慈悲深さを表す「神兆《みしるし》」であって、人間に自然を統御する者としての地位が与えられているわけではない。「イスラームにおいては、自然と人間のあいだには階層性はなく、森羅万象は人間と対等の立場で存在している。木石・動物といえども、存在の価値として、人間の存在となんらかかわらない。人間はそれらに対していかなる主権を行使することも許されていない」[50]のである。

それに対して、ユダヤ=キリスト教では、人間は他の被造物とはまったく異なる存在である。「創世記」によれば、神は「我々にかたどり、我々に似せて、人を造ろう。そして海の魚、空の鳥、家畜、地の獣、地を這うものすべてを支配させよう」と言い、「神は御自分にかたどって人を創造された」とある。さらに神は、自らが創造した男女を祝福して、「産めよ、増えよ、地に満ちて地を従わせよ。海の魚、空の鳥、地の上を這う生き物すべてを支配せよ」と述べた（一・二六―二八）。ここには、「神―人間―動物（家畜）」という支配の階層性がはっきりと示されている。アウグスティヌス（三五四―四三〇）が、「人間は神によっていかなる被造物もそのあいだに介在することなしにつくられたものであり、彼はこうした仕方において神の像のごとくなのである。それゆえ、なにものといえども、これ以上に神に結びついているものは存在しない」と述べたように[51]、人間は他の動物よりも神に近い存在である。したがって、人間の失敗はすべての被造物の失敗であり、人間の成功はすべての被造物の成功である。人間のそのような特殊な地位を示しているのが、ノアの箱舟の伝説である。ノアは「神に従う無垢な人」として神に認められ救われる。そして鳥、家畜、獣、地を這うもののすべてはノアのおかげで絶滅することを免れる。これは、動物が人間を媒介としてはじめて神の栄光にあずかることを意味するのである[52]。

ユダヤ教で成立したこのような「神―人―家畜（動物）」の垂直的関係は、谷泰によれば古代オリエントの神殿都市における「支配主―人―家畜」の関係を模倣したものである。ヴェーバーは、一神教的な世界の秩序（「神―人」）と、国王による絶対的支配という秩序（「王―人」）は同型であると述べたが、その関係には人間による家畜の群れの統御という秩序を重ね合わすことができる。イスラエルの民を取り巻く古代オリエント的世界では、神殿都市の家産的支配主が、自分たちの巨大な家畜群を請負人をはじめとした牧人集団に委託することが一般的であった。谷は、この「委託主―委託者」の関係が「神―人間」の関係に反映しているという可能性を指摘している。委託主と委託者がともに人間であり、前者が後者に家畜の管理を委託しているように、神と人間は同じ姿をしており、前者が後者に動物の管理を委託していると考えられるのである。[53] イスラエルの民が、このような神殿都市の権力関係を模倣した理由として、谷は模倣により相手の優越性を奪い取ることができたからだと推測している。神殿都市的権力の圧迫下にあったイスラエルの民は、その「支配主―人―家畜」関係を模倣し、王に対応して神を立てることで、王の権威を奪取し、地上の王を超越した神に選ばれたという優越感を作りだすことができたのである。[54]

地中海地域の諸民族と同様に、ユダヤ教においても、人が神に対してはたらきかけるもっとも重要な手段は供犠であった。その詳しい規定は「レビ記」に記されている。とりわけ詳細なのが、「過って主の戒めに違反し、禁じられていることをしてそれを一つでも破ったとき」（四・二）におこなう「贖罪の献げ物」についての規定である。このような贖罪のための犠牲獣の位置に、神の子イエス・キリストを対応させているのがキリスト教である（図23）。谷泰が指摘するように、カトリックのミサは、犠牲儀式の一般的形式である(1)入場のための準備・入場、(2)按手（犠牲獣に手を触れる）・犠牲獣殺・血と肉の聖俗両界への配分、(3)退場という三段階と同じ形式をもつ。つまり、イエス・キリストの肉体の象徴であるパンとブドウ酒は、犠牲獣と同じ扱いを受けている。ただし、犠牲獣が罪を犯した個人や集団のために殺されるのに対して、イエス・キリストは人間すべての罪の贖いのために犠牲になったのであり、ミサはその一回限りの受難の再現なのである。[55]

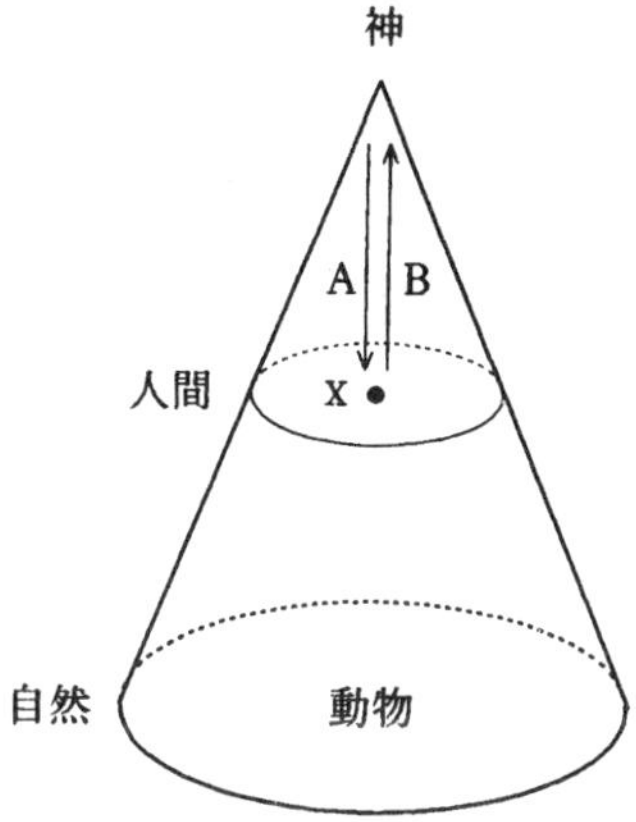

図23　カトリックにおける「神―人間―動物」の階層とミサの関係
xはイエス・キリスト、Aは神の受肉、Bはキリストの犠牲を示す。

神の子イエス・キリストは、父なる神が人間となって降臨したものである。この受肉の観念は、キリスト教の「神―人間―動物」関係における、神と人間との近さを示すものである。人間は、神の自然に対する超越性を分けもっている。人間と動物（自然）とのへだたりは、神と動物（自然）とのへだたりのようにきわめて大きい。これは、人間と自然の二元論の成立を意味する。リン・ホワイトが言うように、キリスト教は、古代の土地の守護神（ゲニウス・ロキ）に対する信仰を破壊し、自然物の感情を気にせずに自然を搾取することを可能にしたのである。東西のキリスト教会が七二六年以降聖像崇拝をめぐって対立し、一〇五四年に西方のローマ・カトリック教会と東方正教会に完全に分離すると、とくにラテン西方では、「人が自分のために自然を搾取することが神の意志であると主張」された。[56] それは、東西の教会における、神と人間との関係の相違に起因するものである。

ギリシア東方においては、人間が神になることがキリスト教の究極の目的であった。神はキリストにおいて人間となったのであり、それが人間の神化を保証している。ギリシアの神学者であるグレゴリオス・パラマス（一二九六頃〜一三五九）の言葉によれば、「神は自らを彼ら（人間）に合一し、彼ら（人間）の内に完全に住まう。それゆえ彼ら（人間）もまた神の内に完全に住まう」のである。それに対して、ラテン西方においては、神の超越性が強調される傾向があった。イタリアの神学者であるトマス・アクィナス（一二二五頃〜七四）は、人間は「可死的な生から分離されない限り、神を本質によって見ることは不可能である」と述べている。この世に生きている限り、人間が神を見ることは決してない。したがって、人間がこの世において至福に至ることはありえないのである。[57]

そのため、東方では、神の意志について正しく知ることが神へ近づくことであり、西方では、神の意志に従って正しい行動をとることが来世の至福につながる。ホワイトが述べるように、ギリシア東方では、罪は知的盲目性であり、救いは啓示や明快な思考に見いだされ、ラテン西方では、罪は道徳的な悪であり、救いは正しい行動に見いだされる。したがって、東の神学は知性主義的、西の神学は意志主義的であり、「ギリシアの聖者は観想し、西の聖者は行動する」と言うことができる。思索よりも行動を重視するこのような西方の雰囲気の中で、キリスト教は自然を征服するという態度をもつようになったのである。[58]

東西どちらのキリスト教においても、自然を知ることは神の意志を理解することにつながる。そこでは、神の意志による一回限りの宇宙創造を原因、現在の自然の姿を結果としてとらえる因果関係が前提とされている。この点において対照的なのが、イスラームである。イスラームにおいては、神はいまでも瞬間ごとに世界に介入している。世界は原初に一回だけ創造されて、その後成り行きに任されているのではなく、どこまでも瞬間ごとに新しく創造されているのである。したがって、いまこの瞬間の状態と、一瞬前の状態のあいだには絶対的な断絶がある。空間的にも、世界は互いにつながりのない個々別々の微粒子から構成されている。これがイスラームの原子論的存在論と呼ばれているものである。それらの微粒子は、偶然に並んでそこに存在するだけであり、そこには因果関係は成立していない。因果関係とは、原因に内在するある種の力が、結果にあたるものを生みだしていくことであり、それを認めると、それだけ神の全能性が損なわれるのである。因果律の否定を伴うこの存在論は、『コーラン』の解釈として十一世紀から十二世紀にかけて確立し、イスラームの多数派であるスンニー派の根本的な哲学となっている。[59] この観念のもとでは、自然そのものの内的な連関を明らかにしようとする態度は成立しにくい。それに対してキリスト教では、神をよりよく理解するために、その知性の結果である自然を宗教的に研究しなければならないとする自然神学が発達した。

キリスト教の自然と宇宙

初期のキリスト教では、自然現象はあまり重視されていなかった。重要なのは精神的な価値のみであり、自然界は神のお告げを伝えるだけの存在であった。たとえば虹は、大洪水のあとノアに最初に送られた希望の象徴でしかなかった。[60] アウグスティヌス（三五四〜四三〇）は、道徳を語るためだけに山のイメージを用いた。[61] 時代が下っても、ギリシア東方では、自然は基本的に神の言葉の象徴に過ぎなかった。ところがラテン西方では、十三世紀初期までに自然神学が大きく変化した。それは、象徴の解読ではなく、神が創造した自然を通して、神の考えを理解しようと努めるようになった。[62] そのような努力の最初の舞台が修道院であり、そこで自然に対する合理的な探求がおこなわれた。

西ヨーロッパの修道院制度は、イタリア中部のヌルシアに生まれたベネディクトゥス（四八〇頃〜五五〇頃）によって創始された。ベネディクトゥスは、『ベネディクトゥス会則』において、修道士は労働しなければならないと定めた。それ以前のギリシア・ローマ社会が、奴隷に労働をまかせていたのに対して、ベネディクト会の修道士は手仕事に精神的な価値を見いだしていた。これは、実践的なものと理論的なものがひとりの人間において結びついたことを意味する。古代のギリシア・ローマにおいては、学問のある人は手仕事をせず、手仕事をする人間は学問と無縁であった。したがって古代の科学はおもに抽象的な思考に基づくものであり、実験的方法が使われることはほとんどなかった[63]。それに対して、修道士は自らの手で自然を利用した。この態度は、自然そのものを観察することに結びつく。自然に対して目を向けた代表的な修道士が、イタリア中部のアッシジで生まれたフランチェスコ（一一八一か八二〜一二二六）である。彼は、人間をも含めたあらゆる被造物は平等であると考え[64]、それらを「兄弟」「姉妹」と呼んで深い愛情を注ぎ、主を賛美するように呼びかけた[65]。この感性は、自然に対する徹底した注視をともなっており、それは自然の客観的な把握につながっている。おそらくこのために、フランチェスコのもとで発足したフランシスコ会において、実験科学が盛んになったと考えられる[66]。

自然そのものに目を向ける態度が十三世紀にラテン西方で生まれた背景には、当時のラテン＝キリスト教とカタリ派の争いもあったと考えられる。十三世紀初期には、カタリ派はローマと北ヨーロッパを分断するほどの支配権を獲得していた。その教義によれば、神には善神と悪神の二神があり、現実世界は悪神の被造物である。したがって、物質的存在とできるだけ関係をもたないことが、よい生活を送ることである。それに対してラテン＝キリスト教は、物質も善き神の被造物であると考える。自然神学は、この正統的な立場を強固なものにする過程の中で活発になったのである。[67]

十三世紀における自然神学の大きな転換点に立っていたのが、イギリスのフランシスコ会修道士ロジャー・ベーコン（一二一九頃～九二頃）であった。彼によると、神の心を知るには、聖書と自然という二つの書物があり、そのどちらも探求されなければならないが、特に自然の書物の研究が遅れている。[68]そこで彼は、理論の検証や反証を重視する「経験学」の理念を提唱した。これによって自然は、積極的に探るべき対象となったが、それはあくまでも神の本性を理解するためのものであり、十三世紀から十八世紀に至るまで、科学とは「神にならって神の考えを追うこと」であった。[69]ロジャー・ベーコンや、彼の師であるイギリスのロバート・グロステスト（一一六八頃～一二五三）は、光学に関する著作を書いたが、その根底には光と神の同一視がある。光についての探求は、神を理解することと重ね合わされていたのである。

自然神学が示しているのは、人間が神の視点に立って自然を眺めるという態度である。神は人間から見て無限遠方の存在であるが、その一方で人間は神の超越性を分けもっている。したがって、神を信じる人間は神の目で世界を見ることができる。そのような世界観を示しているのが、中世キリスト教世界で描かれたTO図である。TO図とは、図24のように円

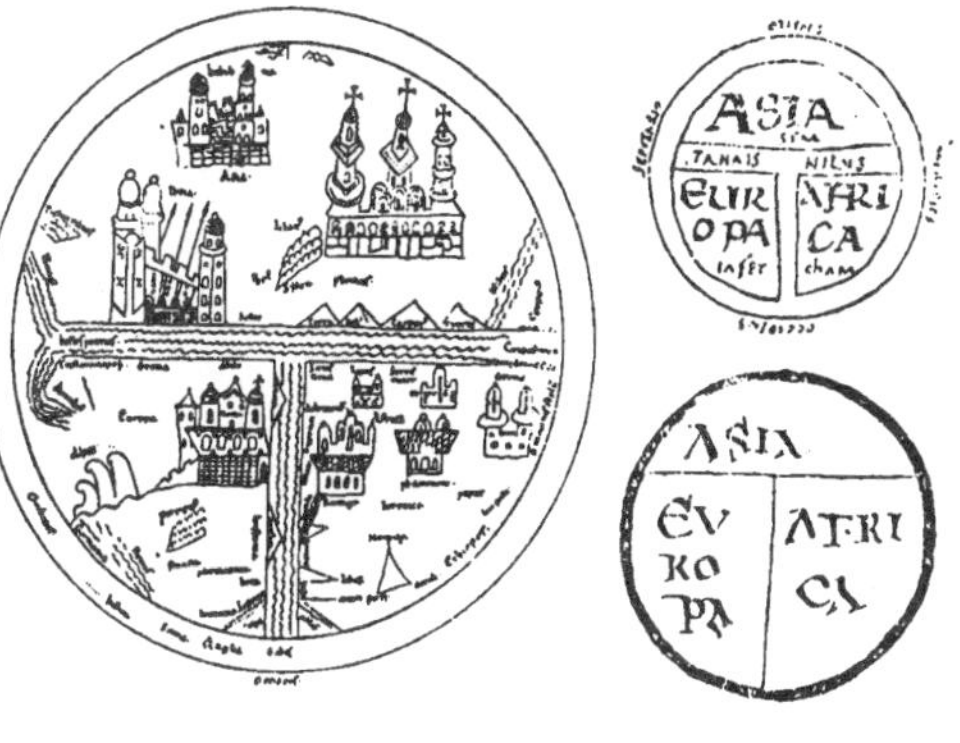

図24　TO図
織田武雄『地図の歴史―世界篇』（講談社現代新書、1974）、p.52.

（O）の内部をT字形に区分した模式的な世界図であり、Oの外周の部分は世界の周辺をとりかこむオケアノス（宇宙水）である。地図の上方は楽園の存在する東であり、円形の陸地の上半分はアジア、右下の四分の一の部分はアフリカ、左下の四分の一はヨーロッパである。アジアとヨーロッパの境界をなすタナイス川（ドン川）と、アジアとアフリカの間のナイル川がTの横棒を構成し、Tの縦棒はヨーロッパとアフリカを分ける地中海を表す。そして地図の中心には、聖地エルサレムが位置する。[70] これは、エルサレムを通る宇宙軸上の神の視点から描かれた地図であると考えられる。

　このような「見かた」において、自然が「景観《ランドスケープ》」

としてとらえられることはない。自然はあくまでも、神によるあるべき秩序と対比される。その基本にあるのは、谷は高められ、山は低くなるというイザヤの預言である。[71]「谷はすべて身を起こし、山と丘は身を低くせよ。険しい道は平らに、狭い道は広い谷となれ」(「イザヤ書」四〇・四)。山や谷は、大地が平らであるべきという秩序からの逸脱なのである。たとえばダンテ(一二六五～一三二一)は、『神曲』の中でビスマントヴァ登山を写実的に描写しているが、そこでの山は粗暴や残酷を象徴するものであった。[72]神学的には、地球は完璧な球でなければならず、その秩序が、地上の自然に重ね合わされていたのである。このような「二重性」は、神が人間をはるかに超越していながら、それと同時に人間と重なり合う部分があるというキリスト教的な神の在りかたに対応するものである。キリスト教では、受肉の観念と三位一体説の展開によってユダヤ教の神の超越性にかなりの修正が加えられていた。神が受肉するという観念は、神と人すなわち天上と地上のあいだに存在の類比をみることにつながる。[73]それは言わば、聖書以前の宇宙論的「見かた」の再現である。

復元された宇宙論的「見かた」は、聖堂建築に反映されている。キリスト教の聖堂には、バシリカ形式と集中式の二種類がある。バシリカ式聖堂では、入口から、キリストが君臨する半円形に突出した祭室(アプシス)へと向かう、水平的方向性が強調されている。一方、集中式聖堂は、聖堂のすべての部分が中心の円蓋(ドーム)に集中していくように構成されており、円蓋の中央にキリストを象徴する十字架がある。これらのうち、西欧キリスト教聖堂建築の基本的プランになったのはバシリカ形式であり、それに十字の枝が付け加えられ、ラテン十字形のプランとなった。この形は、キリストの肉体にたとえられ、内陣は頭部、身廊は胴体、袖廊は腕をあらわしているとされた（図25）。これには、人間は大宇宙を反映した小宇宙であるという、古代以来の宇宙論的な観念が投影されている。[74] また、ラテン十字形の教会堂建築は、方位の象徴性とも結びついていた。教会堂は東西の方向に軸線をもち、祭壇のある内陣が東側に置かれた。アレクサンドリア生まれのオリゲネス（一八五頃〜二五四頃）は「東西南北の四方位があるが、われわれが祈らねばならない方向は、明らかに東側である。真の光が昇る東側は、魂の象徴となるのである」と述べている。[75] これは、太陽が昇る方向としての東に対する、宇宙論的な価値付けの再現とみなすことができる。

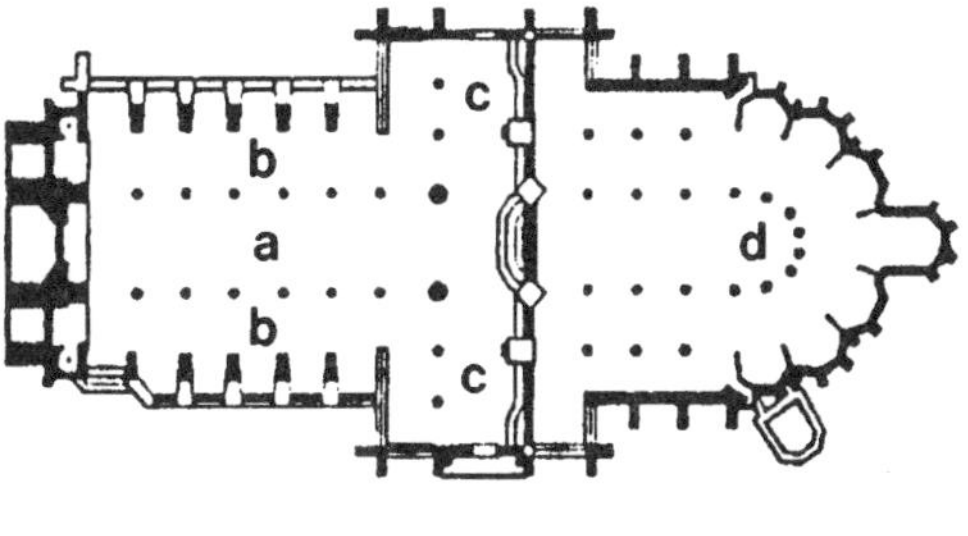

図25　ゴシック盛期の教会堂建築
アミアン大聖堂（1220-70頃）。aは身廊、bは側廊、cは袖廊、dは内陣。

一方、神の超越性は、塔や建築空間内部の高さによって示された。アレクサンダーの言うように、塔は地上を超越し、無限の空間と結合しようとするものである。[76] 教会堂に塔を建てることは、十一世紀末になると一般化した。また、十一～十二世紀のロマネスクの聖堂建築では、バシリカ形式のプランの上に、天上界を象徴する半円アーチを連続させたトンネル形の半円筒穹窿が置かれた。[77] 十二世紀中頃以降のゴシック建築では、高さへの志向が、神と同一視された光への願望とともに強まった。ゴシック期の塔は、ロマネスク期の重厚な塔と比べて、窓などの開口部が縦にひきのばされ、尖塔が加えられることで垂直性が強調されるようになった。建築内部では、高さと光を求めるために、ロマネスク時代の半円アーチが尖頭アーチに変えられた（図26）。尖頭アーチとは、アーチの円弧の中心が二つあり、頂部がとがったものであり、それだけ上昇性が強められる。また、ロマネスク期の半円筒穹窿を直角に交差させた交差穹窿の力学的弱点を補強するために、リブ・ヴォールト（肋骨穹窿）が生まれた。半円筒と半円筒との交差によってできる対角線上の稜線をリブ（肋骨）で補強したリブ・ヴォールトは、その四辺の尖頭アーチとともに建築の垂直的な力

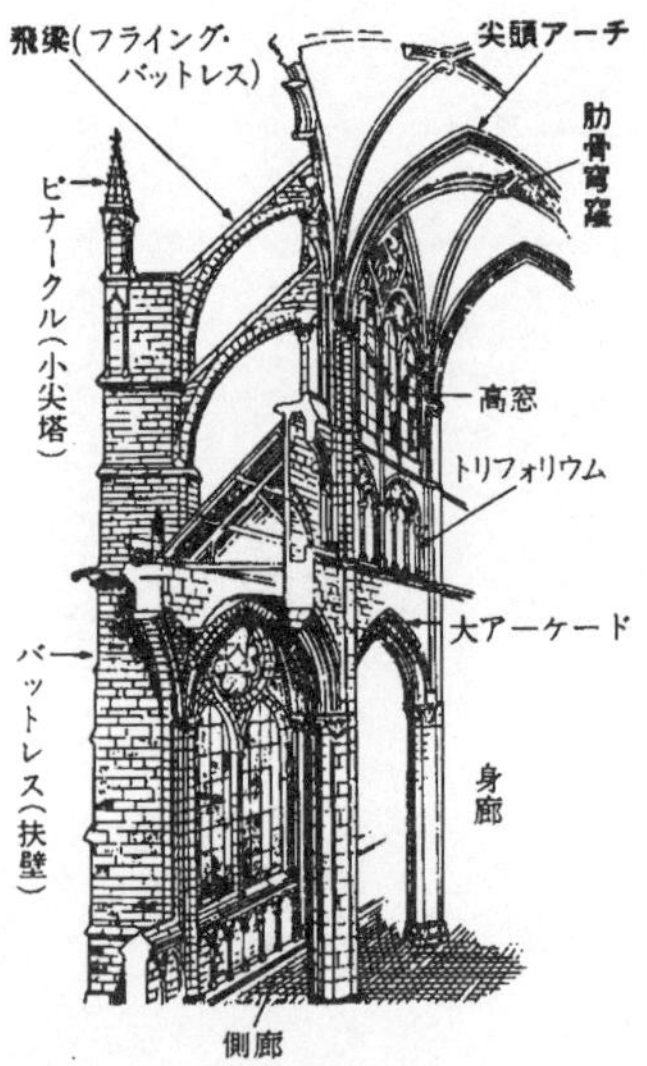

図26　ゴシック建築の特徴
馬杉宗夫『大聖堂のコスモロジー――中世の聖なる空間を読む』（講談社現代新書、1992）、p.100.

線を視覚化するものであった。ヴォールト（穹窿）の支柱は、外壁に直角に張り出すバットレス（控壁《ひかえかべ》あるいは扶壁《ふへき》）で補強された。そして、側廊の屋根を一段下げ、そのバットレスで身廊の側壁を支持させた。これがフライング・バットレス（飛控《とびひかえ》あるいは飛梁《とびばり》）であり、外部に上昇線を作るとともに、側壁に大きな窓をあけ、十分な採光を可能にしたのである。[78]

ゴシック期には、尖頭アーチ、リブ・ヴォールト、フライング・バットレスの三要素からなる、仰高性と採光性を追求した教会堂が生み出されたいっぽうで、自然に対する視線も存在した。サン・ドニ修道院の初期ゴシック時代の彫刻は、職人が本当の植物を手本にして飾りの葉や花を彫ったことを示している。[79] 同じ頃、アッシジのフランチェスコは、人間と自然を同じ被造物仲間として扱った。このように、超越性への志向と自然への視線が、ゴシック精神の中では併存していた。それは、ゴシック彫刻において、教会堂の側壁の円柱を背に立つ「人像円柱」が、円柱の枠から自由になり、独立した像へと向かっていったことにも示される。この変化は、彫像が現実の人間の姿に近づいたことを意味する。しかし、その具体的な人間像によって表現されたのは、あくまでも「聖なる世界」であった。[80] このような天に対する垂直的な視線と地上に対する水平的な視線の均衡が大きく変化するきっかけとなったのが、十四世紀に始まるルネサンスであった。

第五章　近代的「見かた」

近代的「見かた」では、知覚世界としての環境の外部に人間の視点があり、視線は水平的である。人間と環境の間は水平方向に切断されており、人間は自然の一部ではなく、自然と対立するものである。この関係は、一神教的「見かた」の「神―自然」関係を図27のように転倒させたものである。絶対的超越神の位置であった円錐の頂点を、地上の人間が占める。このような転倒は、神聖な秩序の「世俗化」ということができる。世界は、「神―人間―自然」関係を軸とする宇宙《コスモス》としてではなく、「人間―自然」の二項対立のもとでとらえられる。それは、人間が神という超越的な視点を共有しなくなり、各自の視点をもつことを意味する。視点は個々の人間に離散化される。自然と切り離された人間は、それを自己という単一の視点から眺める存在となるのである。

環境に対するこのような世俗的な「見かた」は、古代ギリシアにおいて最初に生まれた。

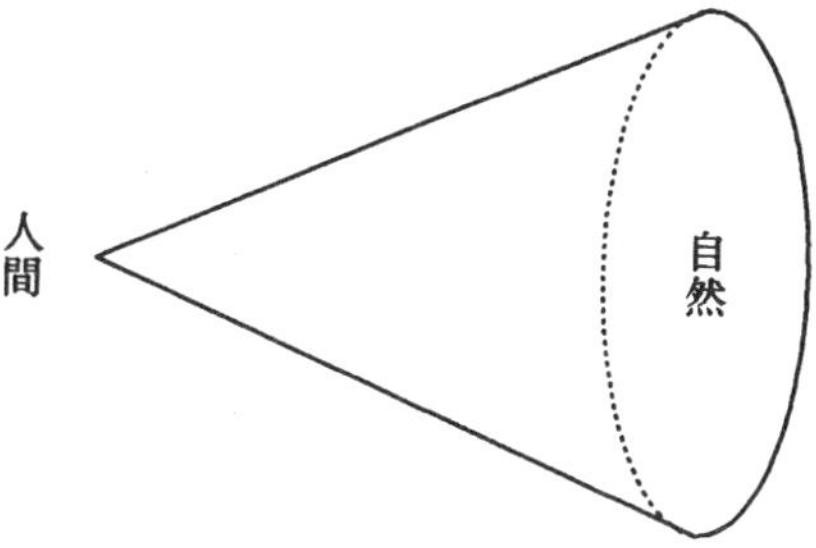

図27　近代的「見かた」における人間と自然の関係

それがルネサンス期に再生され、宇宙の中心が神から人間へと移ったことが、近代的な「見かた」の成立するきっかけとなった。しかし、ルネサンスとは古典古代の単純な再生ではない。古代ギリシア的な空間の「見かた」のうち、月より上方の天界と月下の地上世界の間に切断線を入れるアリストテレス主義的な「見かた」は、中世キリスト教と結びついていた。それがルネサンス期に、天界と地上世界を連続したものとみなすプラトン主義的な「見かた」へと移行したのである。それは、キリスト教の背後に隠れていたヘルメス思想などの知の体系の広がりを伴うものであった。

　キリスト教的な「見かた」から近代的な「見かた」への転換を象徴しているのが、遠近法《パースペクティヴ》の誕生である。固定した単一の視点からの視界を近傍から遠方まで連続してあらわす遠近法は、十五世紀のイタリアで成立した。これは、ひとつの視点に立つ人間が、物の世界を窓（画面）を通してとらえることであり、人間と環境との水平的な切断を意味する。この技法の誕生は、西方キリスト教世界において修道院を中心として受け継がれてきた科学技術と、ゴシック時代から培われてきた写実精神の両者が、ルネサンス期に大きく開花したことが契機となった。

科学的・写実的な視線が自然に向かうことで、自然は眺められる対象となり、風景《ランドスケープ》として描かれた。純粋な油彩風景画は、十六世紀にオーストリアのドナウ河畔で誕生した。その背景には、自然を大宇宙をうつす小宇宙としてとらえるプラトン主義的態度があった。風景の発見者は、自然の神秘的な力を理解しようとしたのである。風景画は、神に対する垂直的な視線が自然に対する水平的な視線へと転倒する中から生まれたと言うことができる。自然に対する「見かた」そのものも、十七世紀に大きく変化した。それまでは、神による均整のとれた世界という神学的観念が一般的であったが、広大無辺な宇宙空間に対する賛美を経て、地上の自然界において崇高さが発見されたのである。

近代的「見かた」の成立によって、空間はそれまでの有限で不連続なものから、無限で連続なものへと変わった。この均質な空間の中で、自然は力学的な因果の法則に従い運動している。このような力学的＝機械論的自然観は、十七世紀にデカルトによって生み出された。これはデカルト空間の中では、思惟する実体は延長をもつ実体からはっきりと区別される。これは、精神と物体の分離であり、ここにおいて近代哲学の「主体―客体」図式が完成した。

近代的人間は、機械論的自然観に支えられて発展した科学技術の力を使い、神の玉座に座った。当初、その玉座は神から権力を授かった王のものであり、その中心性を具現化した宮殿都市がつくられたが、民主主義体制の実現にともない大衆の個人個人が神の位置を占めることになった。このような空間の離散化が具現化されたものが、国際様式と呼ばれる建築である。そこでは、かつて神のものであった光と高さがあらゆる人間にとって手のとどくものとなり、規格に従って分割された均質空間を個人や小さな集団が占めているのである。

ルネサンスとプラトン主義

近代的「見かた」では、人間から切り離された自然の秩序が、神々の意志や行為によらずに説明される。その母体となったのは、ルネサンス期にプラトン主義の名称のもとで復興された古代ギリシアの知の体系であった。古代ギリシアでは、超自然的なものを排除して、自然に内在する統一的原理を見いだそうとする態度が生まれた。前六世紀に小アジア沿岸の植民地イオニアに誕生したとされる古代ギリシア科学は、個別的事実に神話的説明を加えるのではなく、それを合理的に説明しようとしたのである。

このような非宗教的な知の体系が古代ギリシアに生まれた要因としては、僧侶階級が存在せず、宗教的な制約なしに、ポリスの市民個人が議論によってロゴス（合理的説明）を交換していたことが挙げられる。しかし、その知は世俗化されてはいたものの、基本的に宇宙論的「見かた」に基づくものであり、自然を物質とみる近代的「見かた」とは区別される。古代ギリシアでは、自然万有の根元は宇宙論的な生命力(プシュケー)であり、宇宙のすべては生きているという生気論的な態度が一般的なのである。

古代ギリシアの宇宙論的「見かた」は、プラトン哲学とアリストテレス哲学という二つの大きな流れとなった。両者の宇宙観は、いずれも同心球構造の宇宙を想定しているという点で、共通性をもつ。最外殻は恒星の世界であり、その内側に惑星や日月に対応した殻があって、中心には地球が位置するのである。しかし、プラトン的な「見かた」では、現実の世界の彼方にある理想の天上世界とこの地上は連続している。その理想世界が、「イデア」の世界である。イデアとは、「すがた」「かたち」を意味するギリシア語であり、プラトン哲学において「真実在」を指すのに用いられた。プラトンは、ソクラテス(前四七〇か四六九~前三九九)が倫理的規範の問題を探求し、あるべき理想を問い求めたことに示唆を受けて、個々の事物を超越した「まさに~であるもの」すなわちイデアの存在を想定し、それこそが知のめざすべき真実在であると考えたのである。ピュタゴラス学派の肉体からの魂の離脱という思想や永遠なるものへの憧れにも影響を受け、プラトンは、イデアの世界を魂の故郷であり、そこから地上に堕ちて人間の肉体に宿った魂が、戻ることを憧れる場所であるとした。したがって、プラトンのイデア論には、天上の世界と地上(人間)とのあいだの連続性が含意されている。そのため、プラトン的「見かた」では、宇宙をマクロコスモス(大宇宙)としたときに、人間はそれに対応するミクロコスモス（小宇宙）として把握される。

それに対して、アリストテレス的な「見かた」では、天上の世界と地上の世界は断絶している。アリストテレスは、プラトンの「イデア」を「形相《エイドス》」としてとらえなおした。ただし、イデアがこの世界の彼方に実在する原型と考えられたのに対して、形相はこの世界のなかに見いだされる「かたち」であり、個物の本質である。アリストテレスは、個物を素材すなわち「質料《ヒュレー》」と形相の結合によって把握し、自然の変化を、形相を潜在的にもつ「可能態《デュナミス》」から、形相を実現した「現実態《エネルゲイア》」への移行によって説明した。これは、可能態としての質料が、変化の目的である形相をめざすということであり、いわば質料は形相に「動かされる」のである。「形相―質料」という「動かす―動かされる」のつながりをさかのぼると、自分では動かないが他を動かすという、純粋な形相が想定される。それは質料をもたない永遠の存在であり、アリストテレスによって「不動の動者」と名づけられた。不動の動者（神）は、天体の永遠の運動の原因であり、天界の秩序正しい運動の目的として天体を動かす。完全なる存在である神が自らを目的（形相）として天体を動かしているため、天体の世界は完全性をもつ。したがって、天体は完全な運動としての等速円運動をおこなう。しかし、この神の影響力は、「いちばん外側の恒星天の回転、つまりは宇宙に動きを引き起こすことに限定されている」[1]。地上の世界では、土・水・空気が中心へ向かう運動をおこない、火が中心を離れる運動をおこなうというように、不完全な自然運動がみられるのである。このように、アリストテレス的「見かた」においては、宇宙は完全性をもった天上の世界と、不完全な地上（月下）の世界に分断され、両者はそれぞれ異なった原理が支配しているとされた。

アリストテレスの『著作集』は、九〜十二世紀にはイスラーム圏を中心として研究されていたが、十二〜十三世紀にかけてそのラテン語訳がヨーロッパに急速に広まり、トマス・アクィナス（一二二五頃〜七四）によってキリスト教神学と調和的に取り入れられた。それに対して、ルネサンス期の十五世紀になるとプラトン的な「見かた」が再生されることになった。ルネサンスは、十四世紀から十六世紀にかけて、イタリアをはじめとしてヨーロッパ各地で生起した古典古代文化の「再生」運動である。とくにイタリアでは、ビザンティン帝国の崩壊にともなって古代ギリシアの資料が大量に流入した結果、ギリシアの文芸を研究する機運が高まった。その最初の中心となったのが、一四三八年にコジモ・デ・メディチによって創始されたフィレンツェのプラトン・アカデミー（アカデミア・プラトニカ）であった。ここから、プラトン主義の名のもとに、当時としては「異教」的な色彩の強いさまざまな思想体系が紹介され始めたのである。その代表がヘルメス思想であった。

ヘルメス思想は、ヘルメス・トリスメギストス（三倍偉大なヘルメスの意味）という名の神の教えと信じられた思想であり、その基本文献である『コルプス・ヘルメティクム（ヘルメス選集)』が、プラトン・アカデミーの中心人物であるフィチーノ(一四三三〜九九)によってラテン語に翻訳されることで、ヨーロッパに広く知られるようになった。ヘルメス思想は、プラトン主義をおもな根幹とし、グノーシス主義(キリスト教と同時期に地中海世界で興った宗教思想運動)などを取り入れてギリシア文化圏の中で成立したものである。したがってそれは、プラトン主義に基づく宇宙論的「見かた」による知の体系である。その宇宙観によれば、宇宙は一体とみなされる。すべての個は全体の反映であり、とくに人間は「小宇宙《ミクロコスモス》」であって「大宇宙《マクロコスモス》」と対応している。小宇宙は大宇宙に包まれ、さらにその大宇宙を「光《フォス》」の世界が包み込み、これらすべての上に「神《テオス》」が存在する。大宇宙は惑星に対応して七つの天球から構成されており、それぞれに「支配者《アルコン》」がいる。万物の父であり光である神は「叡知《ヌース》」であり、自分に似せて人間をつくった。人間は七人の支配者から贈物(運命)を受け取って下界に降り、下降中に水と土からなる自然とひとつになって肉体をもつようになった。そのため、肉体が死ぬまで霊は肉体の奴隷になっているが、しかし「霊知(グノーシス)」をもった人は霊の故郷である光の世界に帰ることができる。キリスト教神学と結びついていたそれまでのアリストテレス主義自然学では、月の天球の上と下ではまったく別の原理が働いているとされていたが、ヘルメス思想ではこのように天界と地上は連続しており、その間での「死と再生」の循環が想定されていたのである。

ヘルメス思想は占星術や錬金術と強く結びついている。人間（および自然物）が各惑星天から受け取る「運命（ヘイマルメネ）」を知るのが占星術であり、地上の光である火を使って宇宙の創造過程を再現することが錬金術である。また、魔術とも深いかかわりをもつ。創造は男性的原理（火）と女性的原理（物質）によって行われるため、自然物は互いに「共感（シュンパテイア）」で結ばれている。天体から地上へは、作用素（エフルウィア）が絶えず流出し物質に流入するので、地上のすべてのものは天体の作用（インフルエンティア）を受ける。この流入をとらえるのが魔術であった。ネッテスハイムのアグリッパ（一四八六〜一五三五）が定義したように、魔術は「すべての自然的事物と天界的事物を実現させる力をよく考察し、それらの間の相互関係を丁寧に探求し、その間の隠された神秘的な力を知るようにする術」であり、それによって、「おどろくべき奇蹟がしばしば起こることになる」のである。[2]

このようなプラトン主義的な自然観は、地上界と天界の両者を含む自然を実証的・実験的に探索するという態度を奨励することになった。それとともに、自然のなかに隠されている力を探り当てることによって自然現象を制御しようとする、技術的な感覚も育てることになった。この意味で、ヘルメス思想に代表されるプラトン主義は、近代科学成立の一つの契機になった。ポーランドのコペルニクス（一四七三〜一五四三）は、イタリアに留学中にプラトン主義の影響を受け、太陽は被造物の中で最も神に近いという発想から太陽中心説を採用して地動説を提唱した。また、イギリスのハーヴィ（一五七八～一六五七）が一六二八年に発表した血液循環論は、天空の円（循環）運動と人体中の円（循環）運動の対応から着想されたと言われる。[3] ドイツのケプラー（一五七一～一六三〇）も、ヘルメス思想がピュタゴラス主義から受け継いだ数的合理性への志向の影響のもとで、神の作品である宇宙に第三法則（惑星の公転周期の二乗と平均公転半径の三乗の比は一定）のような数的な調和を発見し、宇宙を相互に内・外接しあう六個の球（惑星に対応）と五個の正多面体の入れ子構造としてモデル化した。近代科学創設期の十六～十七世紀には、ヘルメス思想とそれに深くかかわる自然魔術の観念を背景に、人間が自然のなかに隠されている力を掘り起こすという自然の対象化が顕著になったのである。

遠近法の誕生

遠近法《パースペクティブ》は、空間の奥行きを平面の上にあらわす方法である。遠近法には、中国の「三遠」のように、時代や地域によってさまざまなものがありうる。なかでも、人間の視点を一定点として、そこからの視覚を幾何学的に決定する遠近法（線的遠近法）は、人間の水平的な視点と環境のあいだを切断し、そこにスクリーンを想定するものであり、近代的「見かた」そのものである。幾何学的に厳密な遠近法は、ルネサンス期に誕生した。それを最初に実現したのは、イタリアの建築家ブルネレスキ（一三七七～一四四六）であると言われている。その背景には、ルネサンスにおいて盛んになった、自然の隠された力を見いだし、それを操作するという技術的な態度があった。

人間の視界についての幾何学的なとらえかたは、古代ギリシアにおいてすでに存在していた。ユークリッド（前三〇〇頃活躍）は、個々の対象への視線が直線であり、この視線が円錐形をなすとした。前一世紀の古代ローマの建築家であるウィトルウィウスは『建築十書』（前二五頃）の中で、「背景図は、正面と遠ざかって行く側面の模図であって、コンパスの中心に向かってすべての線が集中しているものである」（第一書・第二章・2）と述べている。[4]エルウィン・パノフスキーはこれを、消失軸原理による遠近法を説明したものであると考えている。[5]古代におけるこのような遠近法は、舞台装置と密接なかかわりをもっていたようである。ウィトルウィウスによれば、アテネでアイスキュロスの悲劇が上演された際に舞台装置をつくったアガタルコスは、背景画に描かれたものが立体的に見えるためには、「ある場所が中心と定められた場合」、描線が「目の矢線と放射線の延長にどんなふうに対応すべきであるか」について覚書を残したとされる。[6]絵画でも、古代ギリシアのヘレニズム美術（前四世紀～前一世紀）において、遠近法を用いた、人物がまったく登場しない建物や風景の壁画が描かれたが、それらは舞台の背景画を手本にしたものであったと考えられる。このように、古代の遠近法は、建築や舞台装置の作成といった技術的な分野から生み出された。それと同様にルネサンスの遠近法も、技術的な成果のひとつとして登場した。

辻茂の『遠近法の誕生』によれば、厳密な線的遠近法は、十五世紀初めにフィレンツェの建築家であるブルネレスキが光学機器を使うことによってはじめて実現された。ブルネレスキの没後およそ四〇年を経て著されたマネッティ（一四二三〜九七）の『ブルネレスキ伝』には、ブルネレスキが、フィレンツェのサン・ジョバンニ洗礼堂の実景そのものであるかのような板絵を製作したことが記されている。[7] その板絵は失われているが、『ブルネレスキ伝』の記述をもとに、辻はそれが「小穴投影現象」を利用したものであったことを論証している。小穴投影現象とは、光線が小穴を通って暗い室内を直進するとき、その奥のスクリーンに光源の明るい像が逆さになって浮かび上がる現象のことであり、ピンホール・カメラの原理でもある。ブルネレスキは、サン・ジョバンニ洗礼堂の正面に位置するサンタ・マリア・デル・フィオーレ大聖堂を暗室とし、その中央入り口から少し内部に入ったところに小穴を開けた遮蔽板を置いて、絵板に洗礼堂の倒立した左右逆の鏡像を映し出し、それを写しとったと考えられる（図28）。そして、それを鑑賞するには、絵をいったん鏡に映しだして、絵に開けられた穴から覗き見るようになっていたのである。[8]

ブルネレスキの板絵作成のための工夫は、自然像を再現する「投影装置」（いわゆるカメ

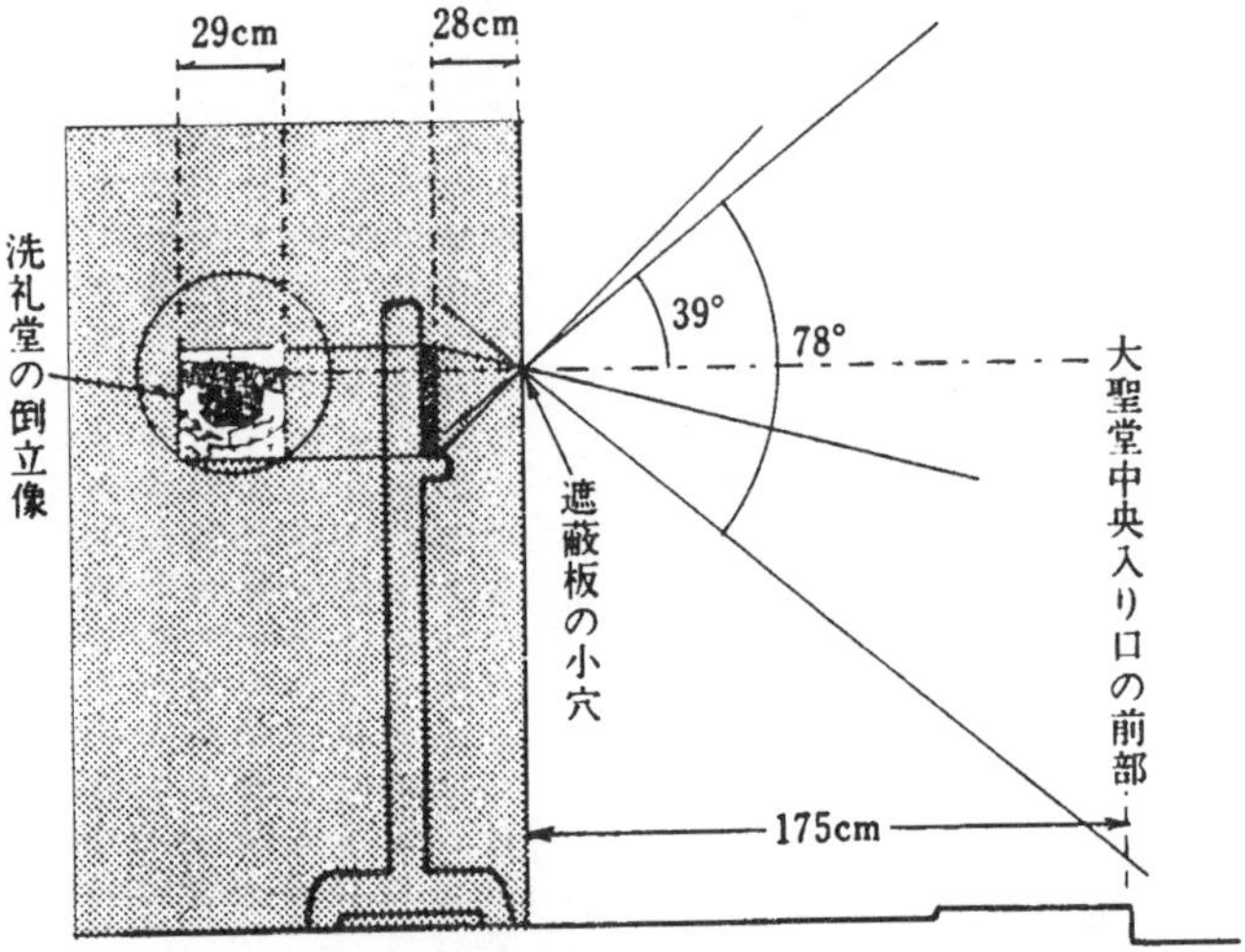

図28　ブルネレスキが大聖堂を暗室に用いた場合に想定される環境
辻茂『遠近法の誕生——ルネサンスの芸術家と科学』（朝日新聞社、1995）、p.92.

ラ・オブスクーラ（暗室あるいは暗箱））を作ることを意味した。また、絵そのものに開けられた穴から鏡を覗く工夫は、再現像を鑑賞するための「透視装置」を作ることにほかならなかった。このような「光学機器」の発明が、絵画遠近法理論の考案のきっかけとなった。[9] その背景には、中世末以来の光学への関心があった。十三世紀のロジャー・ベーコンや、ウィテロ（一二三〇頃か三五頃〜七五頃以降）は、神学を背景として光について探求したが、「小穴投影現象」についても注目している。[10] 光学は、次第に天上界から地上界へと対象を転じたのである。さらに、十二世紀に始まるゴシック時代から、対象を自然そっくりに再現しようとする志向が培われてきていた。盛期ゴシックにおいて、彫像は「自立的に展開された形象として壁から外へ」歩み出るようになった。[11] このような動向が、技術的な才知の開花したルネサンスにおいて、幾何学的に厳密な遠近法の誕生をもたらした。それとともに、もともと光学という意味であったイタリア語の「プロスペッティーヴァ」に、遠近法という意味が生まれたのである。[12]

遠近法を透視図法として理論化したのは、ブルネレスキと同じフィレンツェ生まれのアルベルティ（一四〇四～七二）である。アルベルティは、『絵画論』（一四三六頃）で「画面は視覚のピラミッドの平らな切断面である」という定義を確立した。[13] 遠近法の基本は、観察者から見て画面奥へと延びる「直交線群」と、それらと直角に交わり、画面と平行の関係にある「平行線群」の二つの線群から構成される格子縞を描くことである。このうち、直交線群は、無限の彼方で一点に収束する。アルベルティは、この点を「中心点」と呼んだ（現在では一般に「消失点」と呼ばれる）。実際の作図にあたっては、まず画面枠としての四角を描き、その底辺を一定の間隔で分割して、画面の中に設定した消失点と結ぶ。これらが、画面に直交して延びる互いに平行な線群の透視図となる。これに、平行横断線を適切な間隔で並べることで、格子縞の透視図が完成する。[14]

初期の遠近作図法には、この横断線を引くために二つの方法があった。その第一の方法は、アルベルティによって説かれた、いわゆる「正統作図法」である。それによれば、直交線透視図（図29―1）に、画面の側面図として機能する「垂直線」を定める（図29a―2）。この図では、画面枠の右の縦線をそのまま利用している。次に、「消失点」を起点に「垂直線」の外側に向けて水平線を引き、画面と目の間の距離（視距離）をその交点からとる。これが、側面図上での視点を意味する（図29a―3）、これらの斜線と「垂直線」との各交点から水平線を引けば、「平行線群」が完成する（図29a―4）。これに対して、第二の方法は、ピエロ・デラ・フランチェスカ（一四二〇頃～九二）によって第一の方法とともに説かれ、その発展したものが一般に「距離点法」と呼ばれている。その方法では、画面から目までの距離を消失点から水平にとる。これが「距離点」と呼ばれる点である（図29b―2）。次に距離点と画面の反対側の端の区分点とを直線で結び（図29b―3）、この線と各直交線との交点から、水平線を引くのである（図29b―4）。これら二つの方法からは、同じ結果が導かれる。おそらくルネサンスの画家は、第一の方法を、自然像の再現に用いられた「透写装置」をそのまま図式化した原理的なものと理解し、実際の作図には、便利な「距離点法」を使用していたと考えられる。[15]

遠近法（透視図法）は、人間と物体のあいだの隔たりをつくり出す。「一つはそこで見ている眼であり、もう一つは見られている対象であり、第三のものはそれらの間の隔たりであ

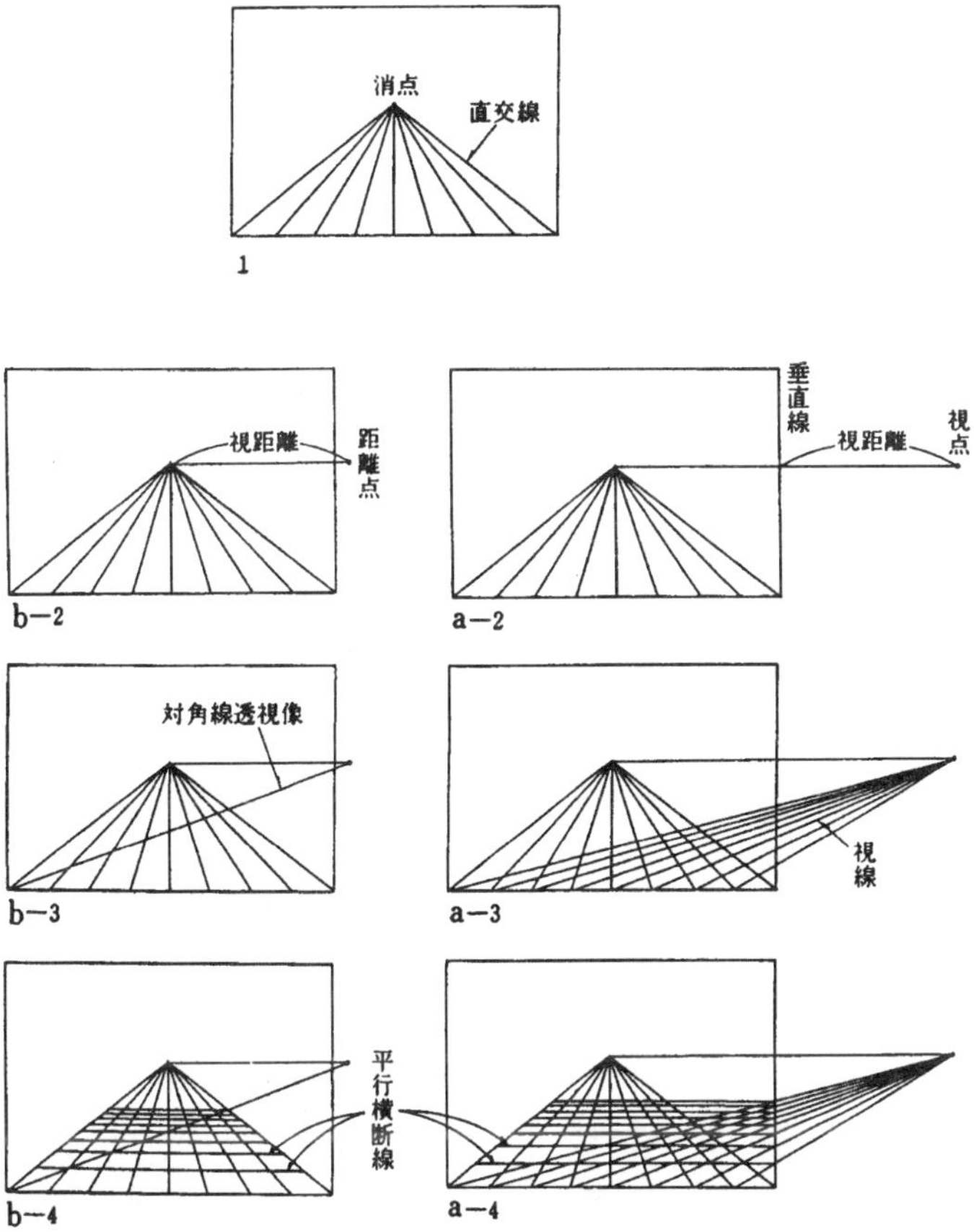

図29　二つの遠近作図法
a はいわゆる正統作図法、b は距離点法。
辻茂『遠近法の誕生——ルネサンスの芸術家と科学』（朝日新聞社、1995）、p.43.

る」と、ピエロ・デラ・フランチェスカにならってデューラー（一四七一〜一五二八）が述べている。[16] 遠近法は、世界を外部から見る視覚であり、物の世界との間に距離を設定し、それを客観的に描き出す。その一方で、物の世界の現れ方を規定するのは、自由に選択できる主観的「視点」の位置であり、それは近代的自我の出現を意味する。遠近法では、ひとつの視点そのものである自我が、自然などの物の世界を、画面を透してのぞきこんでいるのである（図30）。

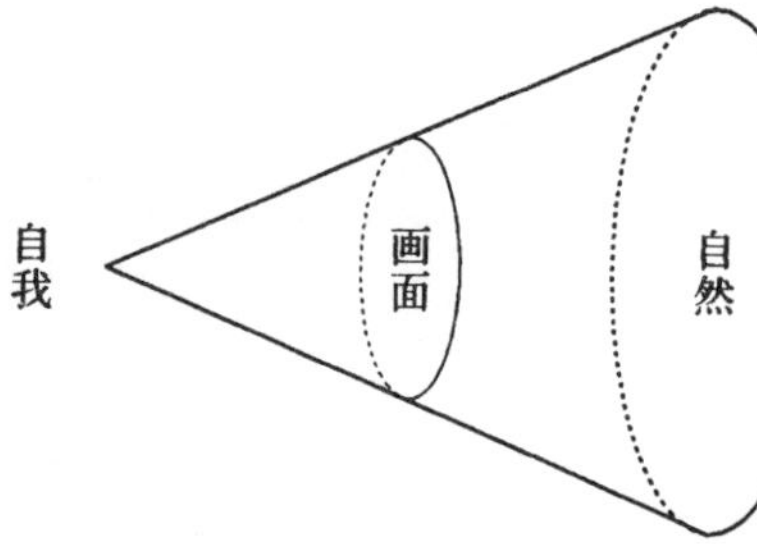

図30　近代的自我の視覚

ルネサンスの遠近法には、二つの重要な暗黙の前提がある。ひとつは、われわれが動くことのないひとつの眼で見ているということであり、もうひとつは、視覚のピラミッドの平らな切断面が、世界の適切な再現とみなされてよいということである。これによって、視点をどこに置こうが、視線をどこに向けようが、透視図の作成が可能となっている。つまり、「すべての空間点から出発して、あらゆる位置、あらゆる方向に同じ作図がおこなわれうる」のであり、空間は連続性と等質性をもつことになる。また、透視図における「すべての奥行き方向の線が向かう無限に遠い点の像」としての消失点は、いわば無限そのものの具体的象徴である。それまで無限とは、神の全能というかたちでしか、つまりは天上世界においてしか思い描けないものであったが、それが経験的実在のうちに現実化されたのである。空間は、連続かつ等質で、無限にひろがるものとなった。これは、「すべての物体に先立ち、またすべての物体がなくとも存立し、万物を無差別に受け容れる自然」の発見である。[17] この空間観が、のちにデカルトによって合理化された。

西洋風景画の誕生

ルネサンスの遠近法に象徴される近代的「見かた」は、自然を物の世界として対象化する視線であるが、それは風景画の誕生をもたらした。オットー・ベネシュによれば、西洋の風景画はアルブレヒト・アルトドルファー（一四八〇頃〜一五三八）を代表とするドナウ派において初めて成立した。その背景には、ヘルメス思想によって喚び起こされた新しい自然感情があった。アルトドルファーは、自然の生命力に魅せられたのである。[18] これは、中国の六朝時代（二二〇〜五八九）に描かれた風景画（山水画）が、自然（山水）の生命力に感応することで描かれたことに対応している。風景画が成立するためには、山や川や樹木など個々の要素に対する視線ではなく、それらを包括する自然の全体を観照する態度が必要である。中国においてそれは、宇宙的秩序（道）との合一をめざす道教的な世界観によるものであった。

それに対して、ルネサンス期のヨーロッパ北方では、大宇宙と小宇宙の対応によって宇宙的秩序を理解しようとしたヘルメス思想が、その背景となっていた。山水画は、自然を対象化しつつそれに包含されることをめざして描かれたが、ドナウ派の風景画では、対象化された自然の背後にある力を顕わにすることが志向されたのである。

西洋絵画において、自然の風景が描写されるようになったのは、十三世紀末である。それは、人物像の背後に広がる象徴的な風景であった。イタリアのジョット（一二六七頃〜一三三七）が手がけた、アッシジのサン・フランチェスコ教会上堂の『フランチェスコ伝』には、背景に「裸でむだのない岩山」が描かれた。それは「人物群の間に造形的均衡をもたらす」という働きをしているが、しかし草木の描写は重視されていない。[19] 自然美への感覚は、ジョットのようなフィレンツェ派ではなく、十四世紀のシエナ派絵画の中に見いだされる。シエナに生まれたシモーネ・マルティーニ（一二八五頃〜一三四四）の作品であるシエナ市庁舎（パラッツオ・プブリコ）の壁画『グイドリッチョ・ダ・フォリアーノ騎馬像』（一三二八）には、物語の舞台としての奥行きと広がりをもつ自然の風景が出現した。しかし、それはまだ遠景のみであり、中景が描かれることで遠近の連続感が生まれたのは、十四世紀中頃であった。中景表現を初めて導入したとされるのは、同じくシエナ派のアンブロージョ・ロレンツェッティ（?〜一三四八頃）であり、その作品であるシエナ市庁舎壁画『善政と悪政の寓意』

（一三三七〜三九）には、シエナ市街と郊外の風景が現実感豊かに描かれているのである。

一方、十五世紀初めには、北方のフランドル美術において、ゴシック的な写実主義が徹底化され、画面全体に溢れる光の効果によって遠近感をとらえた風景画が描かれた。ケネス・クラークは、ファン・アイク（エイク）兄弟の兄フーベルト（実在を疑う説もある）が描いた、『トリノ時祷書』という写本の縦二インチ横三インチほどの小さな絵を、最初の近代風景画としている。また、亡くなった兄の仕事を弟のヤン（一三九〇頃〜一四四一）が引き継いで完成させたと言われるヘントのシント・バーフ教会の『神秘の子羊の礼拝』（ヘント祭壇画）の画面には、「風景と光との融け合い、この世のものならぬ遠景のつらなり」があり、見る者は、「われわれの存在が風景の中にあるという感覚、そして前景から後景へと滑るように進んでゆけるという注目すべき感覚を経験する」のである。[20]

フランドル絵画は、十五世紀のイタリア・ルネサンス美術における風景表現に影響を与えた。アルベルティの友人であったピエロ・デラ・フランチェスカは透視図法に詳しかったが、一四六〇年代に描かれた『モンテフェルトロ公夫妻肖像画』の裏面の遠望的な風景画は、高い岩棚からの展望というフランドル絵画の伝統的な構図を採用している。フランドル絵画の影響は、ヴェネツィア派のジョヴァンニ・ベリーニ（一四三〇頃〜一五一六）の風景描写にもみられる。[21] しかし、イタリアでは風景は基本的に物語の舞台として描かれ、自然の視覚的印象そのものを記録するという態度は、レオナルド・ダ・ヴィンチ（一四五二〜一五一九）の風景素描を除けばまれであった。

北方諸国では、十五世紀中頃から、特徴的な形態をもつ特定の場所に対する画家の好奇心が画面に反映されるようになった。ある土地を明瞭に示す地誌的風景画を最初に描いたのは、スイスのコンラート・ウィッツ（一四〇〇から一〇〜四五頃）であると言われる。その『奇蹟の漁《すなど》り』（一四四四）は、レマン湖畔の実際の風景を細密に描写している。十五世紀末には、ドイツのデューラーが、対象となった実際の場所を特定できる地誌的水彩画を描いた。[22]十六世紀に入ると、物語を描いた画面において、風景的な要素がしだいに増大していく。その過程の作家のひとりに、デューラーが「良き風景画家」と呼んだネーデルラントの画家ヨアヒム・パティニール（一四七五か八五〜一五二四）がいる。パティニールは、宗教的な主題を取り上げながら、人物を点景として、画面全体に広がる自然の眺望を描いた最初の画家と言われる。そして、一五二〇年代に、人物的要素が完全に消失した純粋な油彩風景画が南ドイツのドナウ派から生まれたのである。

ドナウ派は、南ドイツのレーゲンスブルクからオーストリアのウィーンに至るドナウ河畔で十六世紀前半に活動した一群の画家であり、その中心にはアルトドルファー、ヴォルフ・フーバー（一四八五〜一五五三）、初期のルーカス・クラーナハ（一四七二〜一五五三）などがいる。彼らは、ドナウ河畔の美しい自然がもつ生命力そのものを描きだそうとした。そのため、うっそうと生い茂る森や樹木の描写がドナウ派の大きな特色となっている。ドイツからウィーンにやってきたクラーナハが一五〇二年に描いた『懺悔する聖ヒエロニムス』では、聖ヒエロニムスが森の空地で跪いており、その森には、小さな炎のように描かれた暗い黄緑色の枝をもつ「ごつごつした松ともみの木が高くそびえ」、「絵全体は夏でむせかえっているように見える」。また、デューラーの影響を受けたアルトドルファーが一五一一年に描いた『聖ゲオルギウスと竜のいる森』では、聖ゲオルギウスと竜との出会いが描かれているが、高いぶなの木と薮が緊密に絡み合い、森は一体となって小さな画面を満たしているため、聖人の姿を識別することが難しいほどである。あきらかに画家は、「自然自身の繁茂と成長」に魅せられていたのである。[23]

このような自然感情の背景には、ヘルメス思想があったと考えられる。ヘルメス思想によれば、大宇宙は小宇宙（人間）に反映される。これは逆に、大宇宙も人間のような有機体であることを意味する。したがって、自然現象の背後には、有機的な成長をもたらす隠された力がある。十六世紀の錬金術的科学者は、その神秘的な力を理解しようと努めた。一方、ドナウ派の画家たちは、その力を描きだそうとした。オットー・ベネシュは、この地域における代表的な科学者として、スイスで生まれた錬金術的医師パラケルスス（一四九三か九四〜

一五四二）をとりあげ、その体系は、自然を視覚化するというドナウ派の新しい方法の文学的な解釈であるかのようだと述べている。パラケルススは、次のように植物を人間と対比させている。「この成長は……人間に類似する。それは皮膚として樹皮を、頭首と髪として根をもつ。それはその体と感覚をもつ。その感性は幹にある。ゆえにそれを傷めると、それは死ぬ。人が聴覚、視覚および言語能力によるように、それは花と実によって装飾される」。これは、アルトドルファーの絵画において、「勢いのある線と華麗なうずまきの意匠が、風景と人物の両方を貫いて、その統一性を増加」し、「人物はあたかも草木のように大地から生えでるごとくにみえる」ことの明快な説明となっている。[24]

ヘルメス思想的な、自然の背後に隠されている力を読み取ろうとする態度は、環境の姿を眼で忠実にとらえることにつながった。ドナウ派の第二の偉大な画家であるヴォルフ・フーバーは、眼に見えるがままの現実の姿を素描に残した。それは、「この空間の広大な拡がりの中のある限定された一点からひとりの人間によって眺められた現実の忠実な光景」であった。[25]そして、ドナウ渓谷を、広い空、生い繁る木々、遠方の川、青い山々の静かな調和のうちに描いたアルトドルファーの『ドナウウェルトの眺め』（一五二八頃）により、風景そのものが目的となった近代的な意味での油彩風景画が創始されたのである。

北方ルネサンス美術とは対照的に、十六世紀に入るとイタリアでは、ケネス・クラークの言う「事実の風景画」は描かれなくなった。ラファエロ（一四八三〜一五二〇）や、ヴェネツィア派に属するジョルジョーネ（一四七七頃〜一五一〇）、ティツィアーノ（一四九〇頃〜一五七六）、パオロ・ヴェロネーゼ（一五二八〜八八）といった画家にとって、風景とは「何らかの文学的連想作用を担うべきであり、あるいは舞台として何か劇的な効果を高めるよう、強さ激しさをもつべき」ものだった。[26] 描かれたのは、歴史や神話を題材とした理想的風景画であり、ローマで活躍したアンニバレ・カラッチ（一五六〇〜一六〇九）や、フランス人のニコラ・プッサン（一五九四〜一六六五）、クロード・ロラン（一六〇〇〜八二）がその代表的な画家である。

これに対し、十七世紀のオランダにおいて、「事実の風景画」が広く描かれるようになった。十七世紀初頭にスペインから事実上の独立を果たしたオランダでは、現実的な地誌的風景を描いた風景画が、静物画や風俗画と並んで絵画の一分野として独立し、また海景、夜景、冬景色、川岸風景、平原眺望など特定の主題を繰り返し描く専門画家も生まれたのである。これらの風景画の起源について、ケネス・クラークは次の三つの面から説明している。第一は、スペインに対する長い戦争に耐えた新興の市民階級が、自分たちが防衛のために戦った祖国のありのままの姿を見たいと願ったということである。第二は、反宗教改革運動によって抑圧されていたルネサンスの科学的好奇心が、オランダ独立戦争という宗教戦争の終結とともに再び復興したということである。第三は、十六世紀に支配的だった誇張の多い技巧的様式であるマニエリスムの流れを汲む風景画の流行がすたれると、目に見えるものを表現しようとするネーデルラント人の古くからの傾向が復活したということである。[27]

オランダ風景画を生み出したこのような要因は、宗教改革によってネーデルラントがプロテスタント（カルヴァン派）の支配的な地域になったことと深くかかわっている。オランダ独立戦争はカトリック（スペイン）対プロテスタント（ネーデルラント）の宗教戦争であり、また市民階級の勃興自体も、マックス・ヴェーバーが言うようにカルヴィニズムの中から資本主義の精神が生み出されていったことによる。プロテスタンティズムは、神の絶対的超越性を強調したために、神と人間とのへだたりがきわめて大きくなり、結果として人間の視線は水平的になった。カトリック圏にとどまったスペイン領ネーデルラントのルーベンス（一五七七〜一六四〇）が、地平線を高くし、その大地の広がりを物語の舞台とするイタリア的な理想の風景を描いているのに対し、オランダのレンブラント（一六〇六〜六九）は、油彩では理想的風景画を描いたが、風景デッサンでは低い視点からの写実的な作品を残した。また、サロモン・ファン・ロイスダール（ライスダール）（一六〇〇頃〜七〇）やその甥のヤコプ・ファン・ロイスダール（一六二八か二九〜八二）、ヤコプの弟子のメインデルト・ホッベマ（一六三八〜一七〇九）といった十七世紀オランダを代表する風景画家は、低い視点から、地平線を低く空を大きく描いて、低地（ネーデルラント）の現実感を表現したのである。

宗教改革と自然観

人間中心の視点が発見されたのは十五世紀のルネサンスであり、自然がその視線の対象となったのは宗教改革の起こった十六世紀であった。中世キリスト教世界では、自然を風景として眺める視線は成立しておらず、自然はキリスト教的な道徳を語る寓意的なものでしかなかった。アウグスティヌス（三五四〜四三〇）は、『告白』の中で「人々は外に出かけてゆき、山の高い頂、海の巨大な波、河の広大な流れ、広漠たる海原《うなばら》、星辰の運行などに驚嘆します。しかし自分自身のことはおきざりにしています」（第十巻・八章・十五節）と述べ、それらの雄大な広がりが心の中に記憶されうることに驚くべきだと述べている。[28] ここで語られているのは風景それ自体ではなく、あくまでも人々への教訓である。

この態度に変化が見られ始めるのが、ルネサンス初期である。イタリアの詩人であり、古典研究の中から人間の本質を明らかにしようとした人文主義者の祖と言われるペトラルカ（一三〇四〜七四）は、一三三五年にモン・ヴァントゥに登った。彼は、必要に迫られたのではなく、雄大な展望を眼にするために自分の意志で山に登り、その壮大さに喜びを見いだしたのである。これは、近代的な意味での風景の発見と言うことができる。しかし、ペトラルカは、その深い感動の際に、アウグスティヌスの『告白』を取り出し、その第十巻に目を向けて、人間の心こそ讃美の対象であることに気づく。山から下りると、「山の高い頂は、人間の崇高な威厳の前には、一尺にも満たぬように思われた」。風景の発見は一瞬であり、下山とともに山は再び訓話的なものとなったのである。[29]

ルネサンスの人文主義は、宗教改革を準備することになった。オランダ出身でルネサンス最大の人文主義者と言われるエラスムス(一四六九頃~一五三六)は、古典の知識にもとづいて、キリスト教会批判につながる議論を展開した。エラスムスは、『キリスト教兵士提要(エンキリディオン)』(一五〇四)において、キリスト者が悪徳という敵と戦うための武器は、「祈りと(聖書の)知識」であり、聖書の真の精神を悟るには古代ギリシア・ローマの著作を「あたかも通過してゆくかのようにすばやく捉え、決して深く立ち入らないで」味わう必要があると述べている。そのうえで、各個人が聖書(とくに福音書とパウロの手紙)から直接学ぶことにより、真の信仰生活を送ることができるというのである。[30] これは、中世カトリック教会の儀礼や制度などを副次的なものとする考え方であり、聖書の福音書を信仰の根本とするこの福音主義が、マルティン・ルター(一四八三~一五四六)の宗教改革を準備した。

ドイツのルターは、人間は善き「行い」によって救われると説くカトリシズムに対し、人間は十字架のキリストにおける罪の贖《あがな》いを信ずることのみによって救われると説いた。キリストに示される神の恵みによって、罪びとである人間は救われる。ルターにとって、罪びとを救うためにすべてのことをなしとげてくださる神の恵みは、圧倒的なものである。したがって、人間は自由意志をもっているために神の意志と協働しうるというエラスムスの考えは否定され、神の全能性が強調される。神へのこの徹底的な注視のため、神の言葉としての聖書が信仰の唯一のよりどころとされたのである。[31]

ルターによる宗教改革は、一神教的「見かた」の強化を意味した。カトリック教徒は、父なる神（=子なるキリスト）に対する崇拝のみならず、聖母崇拝、聖家族崇拝、守護聖者崇拝などさまざまな回路を通じて聖なるものとつながっていた。したがって、カトリック世界は、一神教的というよりも宇宙論的「見かた」に傾斜していたと言える。プロテスタンティズムはこうしたつながりを破壊し、世界を徹底的に超越している神性と、徹底的に堕落している人間性とに両極化した。そして、人間と聖なるものとの間のつながりを神の御言葉と呼ぶ極端に狭い回路だけにしてしまったのである。[32] 自然に対する態度も、中世には漠然としていたキリスト教的悲観論が、宗教改革によってはっきりと主張されるようになった。自然に対する悲観論とは、世界は人間の罪により引き起こされた大洪水後の廃墟だというものである。高い山や深い海によって地球の完全なる球形が歪められているのはそのためであり、洪水が引いていった時山々に残された生物の遺骸が化石なのである。ルターは、聖書注釈者たちの洪水に対するこのような思想を「創世記」注解においてひとつにまとめている。ルターは、洪水が楽園の地を破壊したと信じていた。楽園とは、小さなエデンの園ではなく、「大地の大部分、そして良き部分」を意味しており、その大地の美は、アダムの堕罪とともに失われ始め、人間の堕落が進むにつれて衰え続けた。「それ自体無垢で無罪であった大地ですら、罪の詛いを受けねばならな」かったのである。[33]

それに対して、ルターの改革思想が波及した生地フランスから、王による福音主義弾圧を避けてスイスへ亡命した宗教改革者であるカルヴァン（一五〇九〜六四）は、その生涯の多くを山間で過ごしたこともあり、自然に対して低地人ルターほど否定的な態度はとっていない。カルヴァンにとって、神に造られた自然は善以外のものではなく、そこに人間の罪が反映されるなどとは考えられなかった。悪は自然の中ではなく人間の中にあり、外界の自然は神の善を示している。『キリスト教綱要』（一五三六）で述べているように、「作られたものすべてに神はその栄光を印し、それは明らかで瞭然として著し」いのである。カルヴァンは、原初の大地にも起伏はあったが、現在ほど激しくはなかったと言うアウグスティヌスと同様に、原初の大地の美のいくらかは洪水によって損なわれたと認めている。しかしそれでもなお、この世界は原初の世界と同一であると述べている。カルヴァンにとって、最初の楽園とはエデンの園であり、それは大地の一部でしかなかった。神の被造物である自然自体に、根本的変化はなかったのである。[34]

このように、自然それ自体に人間の罪の影響を認めるかどうかという点で違いがあるものの、超越的な神と堕落している人間とに世界を両極化し、その下に、神の創造物ではあるが、霊性を剥奪されている自然を置くという図式に変わりはない。ルターは、人間から自然に向かって罪（悪）の影響があると考え、カルヴァンはそれを否定したのである。この図式は一神教的「見かた」そのものであるが、しかしカトリシズムでは神との隔たりと近さがある程度均衡していたのに対し、プロテスタンティズムにおける両極化は、神と人間との隔たりをきわめて大きなものにすることになった。これが、ルネサンスの人間中心主義とともに視線の世俗化をもたらし、十七世紀に入ると、「近代科学の父」と呼ばれるガリレオ・ガリレイ（一五六四〜一六四二）や、「近代哲学の父」と呼ばれるルネ・デカルト（一五九六〜一六五〇）が現れるに至ったのである。

しかし、ガリレイもデカルトも、神への視線を失っていたわけではなかった。ルネサンス末期のイタリアの自然学者・天文学者であるガリレイは、『黄金計量者』（一六二三）の中で、「哲学とは、この偉大な書物、つまり宇宙という私どもの眼前につねに開かれた大巻のなかに書き込まれているのだ」と述べている。これは、十三世紀のロジャー・ベーコンの発言や、パラケルスス流の医化学派の医師であるイギリスのトマス・タイム（?〜一六二〇）が記した「天と地の全能なる創造主はわれわれの眼前に二つの最も主要なる書物を用意し給いき。一は自然にて、他の一は神の言葉を書き誌せるものなり」という言葉と重なり合うものである。[35]しかし、宇宙という書物を読み解こうとした結果、ガリレイはそれまでのキリスト教的宇宙観を根底から揺るがすことになった。ガリレイは、望遠鏡によって宇宙を観測し、月面に凹凸があることや、木星に四つの衛星があることを発見して、『星界の報告』(一六一〇)などに発表した。この発見は、完全な世界である天上界の天体は球であり凹凸などあるはずはないというアリストテレス的な宇宙観を否定するものだった。今や、月の天球の向こう側も月下の世界も、ともに均整を失い、歪んでいることが明らかとなったのである。イギリスの詩人であるジョン・ダン(一五七二〜一六三一)は、このような宇宙的秩序の崩壊の感覚を知人の娘の死と重ね合わせ、一六一一年に『一周忌の歌――この世の解剖』で「地球は今なお均整をもった球なのだろうか」とうたった。[36]また、中世的な宇宙観では、天体の軌道も完全な形態である円と考えられていたが、それもドイツの天文学者であるケプラーによって否定された。『新天文学』(一六〇九)で発表されたケプラーの第一法則によって、惑星が太陽をひとつの焦点にもつ楕円軌道上を運動することが示されたのである。

一方、近代的な「主体―客体」の二元論を打ち立てたデカルトも、神への視線を保持していた。フランスに生まれオランダに移り住んだデカルトは、プロテスタントを国教とするオランダに住むカトリック教徒として、国家宗教（オランダ国教）からも制度宗教（カトリック）からも距離を置き、[37]「方法的懐疑」によって神の存在と、精神と物の存在および両者が実在として区別されることを証明しようとした。一六三七年に発表された『方法序説』によれば、デカルトは、絶対的に確実なものを求めてすべての感覚を疑ったのち、疑っている私は必然的に何ものかでなければならないことに気づき、「私は考える、それ故に私は有る」という真理に到達した。そして、身体をもたないことさえ仮想できる私という実体の本質は、考えるということだけなのであるから、この私とは精神であり、それは身体とはっきり区別できると考えた。また、疑うよりも知ることのほうが完全という意味で不完全な私が、自分の不完全性を自覚できるのは、私に完全性の観念が備わっているためであり、それは完全者としての神が私の精神に注入したとしか考えられないとした。さらに、私の中には物についての多くの感覚的観念があり、私はそれらが物に由来すると信じているが、誠実な神が私を欺くことはありえないので、これは、物が実在することを示していると論じたのである。[38]

デカルトは、精神と物を区別し、人間の精神は神の判断能力を引き継いでいるとした。ここにおいて人間は、理性をもち、科学技術の力を神の力のように振るって物質世界と対峙する近代的人間となった。近代的人間の典型は科学者である。デカルト自身がそうであったように、科学者は理論的・実験的手段によって自然に対してはたらきかけ、科学的知識の獲得に努める。アイザック・ニュートン（一六四二～一七二七）はその代表であり、万有引力の法則と力学の三法則によって、天上と地上の両界における物体の運動を統一的に説明し、またプリズム実験を通じて、スペクトルのそれぞれの色の光は固有の屈折率をもつことを発見した。しかし、ニュートンも神の存在を疑わず、自然科学の目的を第一原因（神）に到達することだと考えていた。神という仮説が多くの科学者たちに不要となるのは、十八世紀後期のことである。

科学者よりもはるかに広く見られるようになった近代的人間が、資本主義精神をもった市民的中産階級である。資本主義とは、資本として投下された貨幣が、利潤とともに回収されることを第一の目的とした経済活動である。利潤の獲得のために、資本の所有者（資本家）は、貨幣（資本）で原料や機械などを購入し、賃金を払って労働者を雇い、職場で財やサービスを生産させ、それらを商品として販売する。この利潤獲得という目的を継続的に追求するためには、さまざまな手段を最も効率的に利用するという合理主義的態度が必要である。つまり資本家は、合理主義的なアプローチにより物＝自然にはたらきかけて知識を獲得する近代科学者のように、合理主義的手段により物＝原料・機械などを利用して利潤を獲得する。そしてそこでは、労働者も貨幣価値で換算される「物」として扱われる。一方、労働者自身も、分業体制のもとで規律に従った効率的な労働を行うことにより賃金を得る。労働者は、言わば自分の身体を「物」として合理的に使うことで貨幣を獲得するのである。

マックス・ヴェーバーは『プロテスタンティズムの倫理と資本主義の精神』において、このような合理主義的な資本主義精神は、プロテスタンティズムとりわけカルヴィニズムの倫理観から生まれたと論じている。「十六世紀にはジュネーヴとスコットランド、十六世紀末から十七世紀にかけてはネーデルラントの大部分、十七世紀にはニューイングランドと、一時はイギリス本国も支配した」[39]カルヴィニズムは、ルターの説いた神の「召命《ベルーフ》」を世俗の「職業《ベルーフ》」ととらえ、信徒は神から与えられた召命＝職業に禁欲的にとりくまなければならないとした。人間と神の間には絶対的な断絶があるため、人間は神による救済の予定を知ることはできない。つまり、自分が神によって選ばれているかどうかはわからない。したがって、自分が救われているという確信を得るために、カルヴァン派の信徒は天職としての世俗的職業に専念し、無駄な消費をすることなく富の獲得を追求したのである。このような行動が、合理的経営に基づく資本主義の社会機構を作り上げ、やがてその社会機構そのものが資本主義の活動を駆り立てていくことになった。企業は、神の栄光のためではなく、経営を続けていくために利潤を上げなければならなくなったのである。プロテスタンティズムが生み出した反営利的な禁欲倫理の持ち主として、ヴェーバーはイギリスのベドフォード郊外で鋳掛け屋を営み『天路歴程』（一六七八）を著したジョン・バニヤン（一六二八～八八）を取り上げている。[40] また世俗内的禁欲から神への信仰が失われていく時期を示す史料として、政治家・文筆家・科学者であり「代表的アメリカ人」と呼ばれるベンジャミン・フランクリン（一七〇六～九〇）の文章を示している。[41] 世俗内的禁欲は科学と同様に、十八世紀後半に脱宗教化したのであり、ここにおいてようやく近代的「見かた」が完成するのである。

近代的自然観

十七世紀において、自然はまだ象徴的なものであった。バニヤンが『天路歴程』で描いた山々は、単に人生の上り下りの象徴であり、その美しさは山自体にあるのではなく、巡礼者が天の都を眺められることにあった。彼によれば、「水は自然に低きに向かって流れ、谷や低地に降りてそこに止まる。神の恩寵と恵みの霊もそれと同じである」。小川は谷を潤し、乾いた山は不毛の地となる。山は「驕れる」もの、谷は「つつましき」ものであった。[42] しかし、このような自然観の変化のきっかけは、すでに十七世紀前半に生まれていた。まず、ガリレイによる天体の不均等性の発見があった。そして、デカルトが、宇宙を均質な無限空間としてとらえ、物の世界としての自然は機械のように力学的な秩序に支配されていると論じたのである。

デカルトは、神の被造物である世界の最も基礎的な実体として心と物を区別し、心の本質が思考であるのに対して、物の本質は「延長（ひろがり）」であるとした（『哲学原理』）。物とは「ひろがり」であるから、空間は物にほかならず、しかも「ひろがり」としての空間は、デカルトが考案した座標系が示すように無限かつ均質である。神は、無限のひろがりをもち等質の物質から構成される宇宙を造り、そこに一定の運動量を与えた。その結果、無限空間を充たす物質は微小部分に分かれて運動を始め、力学の法則に従って宇宙の万物が形成されたのである（『宇宙論』）。デカルトはまた、生命現象も機械論的に説明し、人間の身体を自動機械とみなした（『人間論』）。デカルトが定式化した、世界は等質的な部品の組み合わせから成る機械であり、力学的な因果の法則に支配されているという世界観は、力学的＝機械論的世界観と呼ばれている。

マージョリー・ホープ・ニコルソンの『暗い山と栄光の山』によれば、ガリレイやデカルトが活躍した十七世紀に、科学的精神を持ったプラトン主義者たちは「無限性の美学」を発見した。かつては神だけに向けられていた畏敬の心は、「十七世紀になってまず広げられた宇宙へと向けられ、そして大宇宙から地球上の最大のもの――山、大海、広野――へと移行していった」。賛美と畏敬が結びついた厖大さの感覚の対象は、神から宇宙空間へ、宇宙空間から自然界へと移り変わったのである。[43] 十八世紀に外界の自然から受け取られるようになったその感覚が、「崇高《サブライム》」と呼ばれた。

無限空間に美を見いだし、その視線を地上へと転じた代表的な人物が、ケンブリッジ・プラトン学派の哲学者であり詩人でもあったヘンリー・モア（一六一四～八七）である。イギリスにおける最初のデカルト学派のひとりであったモアは、無限空間に恐怖を感じたパスカル（一六二三～六二）とは対照的に、無限空間を「無限に生産する神《ゴッド・オヴ・プレニテュード》」と重ねあわせて、それに魅了された。彼によれば、有限の人間は、空間を通じて真の無限である神の理解に近づくことができる。空間は神の在る所として、神的なものである。この空間の概念をモアから受け継いだニュートンは、空間を「神の知覚器官」と呼んだのである。モアにとって、神の造られたこの宇宙は、無限という点であらゆる多様性を包含するものであった。そのため、モアは地上の不規則な形態をも受け入れた。『霊魂不滅』の中でモアは、「美しい田野、広く道なき森、快い庭園、澄みきった風の吹きわたる高く健康的な山、水晶のごとき流れ、苔むした泉、我々をもてなす荘厳な景色、また劇的で華やかな景観」をわれわれが楽しむように、死者の霊魂も楽しむと述べている。かつて大地の病的な突起とされた山々は、多様性に満ちた世界において欠かすことのできない存在となり、美的にも「より良い」ものとなったのである。[44]

十八世紀に入ると、地上の自然の不均整な美がはっきりと認識されるようになった。エッセイストであり、十八世紀初期のエッセー新聞『スペクテイター』で中心的な役割を果たしたジョセフ・アディソン（一六七二〜一七一九）は、自然の作品を厳かで壮大な「大いなるもの（the great）」とし、それが芸術作品の美しさよりも優れていると論じた。アディソンの影響のもとで、十八世紀のイギリスには新しい「叙景詩」が生まれることになった。ジェイムズ・トムソン（一七〇〇〜四八）の『四季』（一七二六〜三〇）は、「詩人の関心が宇宙的自然よりも地上的自然に向けられるようになった時代の始まりを画した」とされる。彼は、宇宙的自然の厖大さを地上にも見いだし、「大気、大地、大洋は果てしなく微笑みわたり」、「大地の面《おもて》は輝く一つの広漠たる原野」となると詠じた。また、トマス・グレイ（一七一六〜七二）は、友人とグランド・ツアー（ヨーロッパ大陸旅行）へ出かけ、一七三九年にアルプスを体験した際にその崇高美に深く感動して、「多種多様な不気味な形の岩々、せり出した松の間を通って非常な高さから迸り落ちる滝、はるか下方にうなる水流の重々しい音、それらすべてが一緒になり、想像し得る最も私的な光景を成している」と記したのである。[45]

十八世紀における自然への視線は、イギリス式と呼ばれる新しい形式の庭園を生み出した。ヨーロッパの世俗的な庭園は、ルネサンス期の十六世紀イタリアで著しく発展し、上流階級のヴィラ（別荘）に、中央に軸線《ヴィスタ》を貫通させ、その左右に幾何学的な形の花壇や植え込みを置くという庭園が造られた。これには、人間中心であり、理性によって認識できる秩序を重視するというルネサンスの世界観が反映されている。イタリアの庭園はフランスに受け継がれ、ブルボン朝の絶対王政期には、王を中心点として伸びる長大な軸線の両側に、厳密な左右対称図形を展開させるフランス式庭園が生まれた。アンドレ・ル・ノートル（一六一三～一七〇〇）によって十七世紀に完成したこのフランス式の整形庭園《フォーマル・ガーデンズ》に対して、十八世紀のイギリスでは「非整形庭園《インフォーマル・ガーデンズ》」が誕生したのである。これは、「風景式庭園《ランドスケープ・ガーデンズ》」あるいは「自然風庭園《ナチュラル・ガーデンズ》」とも呼ばれ、「自然」を自然のままに鑑賞する庭園であり、単一の視点から眺められるのではなく、散策によってさまざまな風景《ランドスケープ》が目の前に展開するというものであった。

　フランス式整形庭園に対する批判は、一七一〇年代のはじめに相次いで登場した。哲学者であった第三代シャフツベリ伯（一六七一～一七一三）は、『モラリストたち』（一七〇九）の中で「王侯貴族の庭園が示すばかばかしい整形性」と記し、アディソンは『スペクテイター』紙で、自分の庭には「これ以上はない多様性」と「自然が許すかぎりの荒々しさを生み出す、同じ不規則性」があると語り、詩人のアレクサンダー・ポープ（一六八八～一七四四）は、『ガーディアン』紙のエッセー（一七一三）で「人工的な庭の虚飾と不毛を、自然風な庭の謙虚と豊饒に対比」させたのである。[46]現実のイギリス式庭園を完成したのが、敷地のもつ「可能性《ケイパビリティ》」を十分に生かす造園技法によりケイパビリティ・ブラウンと称されたランスロット・ブラウン（一七一六～八三）である。彼によって生み出された庭園は、オックスフォード近郊にあるブレニム宮殿の庭園（一七六九）のように、芝生がゆるやかにうねりながら広がり、小さな森や木立ちが散在し、小川が蛇行しながら流れ、湖の狭くなった部分には橋がかかっているというものであった。このいわゆるブラウン派の庭園に対して、ピクチュアレスク派と呼ばれる造園家たちは、風景式庭園にローマ風の神殿や廃墟、中国風の庭園建築などを配して、「絵のような《ピクチュアレスク》」眺望を作り出そうとした。その手本となったのが、十七世紀フランスのロランの牧歌的風景画やプッサンの寓意的風景画であり、またイタリアのナポリ派の画家であるサルバトール・ローザ（一六一五～七三）が描いた廃墟のある荒涼とした風景であった。十八世紀後半には、このような画家たち、とりわけロランの影響を受けて、イギリスで風景画が発展した。まずゲインズバラ（一七二七～八八）が現れ、その後にコンスタブル（一七七六～一八三七）やターナー（一七七五～一八五一）が活躍した。十九世紀初頭には、「前景に小川が流れ、その水が輝かな空を映し、これを暗い木立が引き立てる」という情景が、誰の目にも美しいものとなったのである。[47] コンスタブルやターナーの時代は、ロマン主義の詩人たちであるワーズワース（一七七〇～一八五〇）、バイロン（一七八八～一八二四）、シェリー（一七九二～一八二二）の時代でもあった。コンスタブルは公園的情景を嫌って田舎の生活を愛したが、それはつつましい自然の姿を好んだワーズワースの態度と完全に重なり合う。[48] また、ターナーが嵐や難破船や洪水などを好んで描いたように、ロマン派詩人たちの自然描写においても、不均整な自然の力強さや荘厳さが表現されたのである。

十八世紀イギリスの叙景詩、庭園、風景画は、あるがままの自然を把握しようとする態度によって生み出された。自然は合理的秩序に支配されており、力学的＝機械論的に理解することができるという近代的自然観は、人間と自然を切断して自然を対象化する視線によるものであった。その視線が、自然の不均整さや多様性を発見し、それが「崇高」「美」「ピクチュアレスク」といった概念でとらえられたのである。人間と自然が構成する横倒しの円錐図式は、基本的に神によって支えられる必要はなくなった。しかし、この近代的「見かた」によって眺められている自然は、原生自然ばかりではない。廃墟趣味が象徴するように、人間の手が加わった自然（牧場や人間の生活している田舎）が、「あるがままの自然」として人間の前に現れたのである。これは、自然と人間との境界を、人間が設定していることにほかならない。人間は、科学技術によって自然を支配し始めるとともに、認識においても自然を支配下においたのである。

都市と建築

自然に対する合理的な視線は、人間の住む空間にも向けられた。都市空間や建築空間は合理的に構成し直されることになった。都市においてそれは、理想都市の構想や都市の改造計画にあらわれ、建築においてそれは、国際様式《インターナショナル・スタイル》と呼ばれるものに結実した。

中世キリスト教世界における都市空間は、地上界を中心として天体を支える球が重層的にとりまくという宇宙観を反映して、自然条件の許す限り円形を志向しており、求心・離心の方向性が明確に定まっていた。ルネサンス期にも、占星術への興味もあって円形は宇宙論的な象徴性を保持しており、フィラレーテ（一四〇〇頃～六九頃）が『建築論』の中で語った理想都市スフォルツィンダは、円形と星形の組み合わせからなる城壁に囲まれていた（図31）。また、人間の理性を反映する幾何学的な形態として、碁盤目状の街路パターンが構想された。その例が、デューラーによる方形プランの要塞都市（一五二七）である。十六～十七世紀には、多角形や星形の内部に幾何学的な街路パターンをもつ理想都市の計画が数多く発表され、たとえばルネサンス末期の建築家スカモッツィ（一五四八～一六一六）は、十二角形の各頂点にある稜堡が星形をした、内部に碁盤目状の街路をもつ都市を設計した（一六一五）。

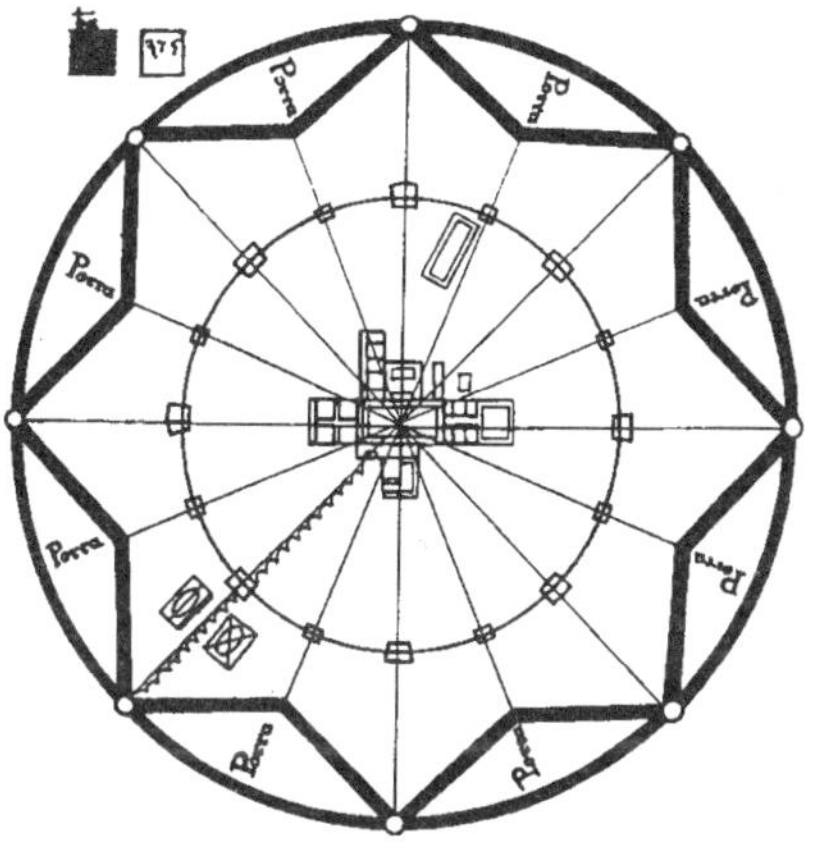

図31　フィラレーテの理想都市スフォルツィンダ
ヘレン・ロウズナウ著、理想都市研究会訳、西川幸治監訳
『理想都市──その建築的展開』（鹿島出版会、1979）、p.40.

十七世紀後半になると、神の代わりに、神から権力を授かった王が宇宙秩序の中心を占めるようになり、それを反映した空間構成が、宮殿都市において具現化された。その代表が、「太陽王」ルイ十四世（一六三八〜一七一五）によって造営されたヴェルサイユ宮殿である。かつて内戦の舞台ともなったパリを離れて、宮殿を中心とした新しい理想的な宮廷都市を建設するという計画のもと、宮殿は一六六一年に起工され、マンサール（一六四六〜一七〇八）の手によって現在の姿になった。宮殿は左右対称であり、その中心を貫く軸線に沿って、大厩舎、正門、「大理石の中庭」、国王の居室である「鏡の間」が並ぶ。両側には長大な南北翼、背後にはル・ノートル設計のフランス式庭園が配されている。宮殿の正面に放射状街路が集中するように計画され、太陽王の居室（鏡の間）は都市と宮殿すべての中心となっている（図32）。当然それは、世界（＝太陽のように輝く国王の威光の届く範囲）の中心を意味したのである。ヴェルサイユ宮殿は、ヨーロッパ各国の宮殿のモデルとなり、ウィーン郊外のシェーンブルン宮殿（一六九六〜一七一三）、ペテルブルグ郊外のペテルゴーフ宮殿（一七四五〜五三）、ポツダムのサンスーシ宮殿（一七四五〜四七）などが相次いで造営された。

ヨーロッパの大都市は、人口の膨張とそれにともなう衛生状態の悪化や、辻馬車・乗合馬車・鉄道など新しい交通機関の発展に対処するために、十九世紀の半ばに大規模な都市改造を実施した。その際にも、道幅の広げられた街路網の中心には宮殿が置かれた。パリでは、ナポレオン三世（一八〇八〜七三）とセーヌ県知事のオスマン（一八〇九〜九一）が、十六世

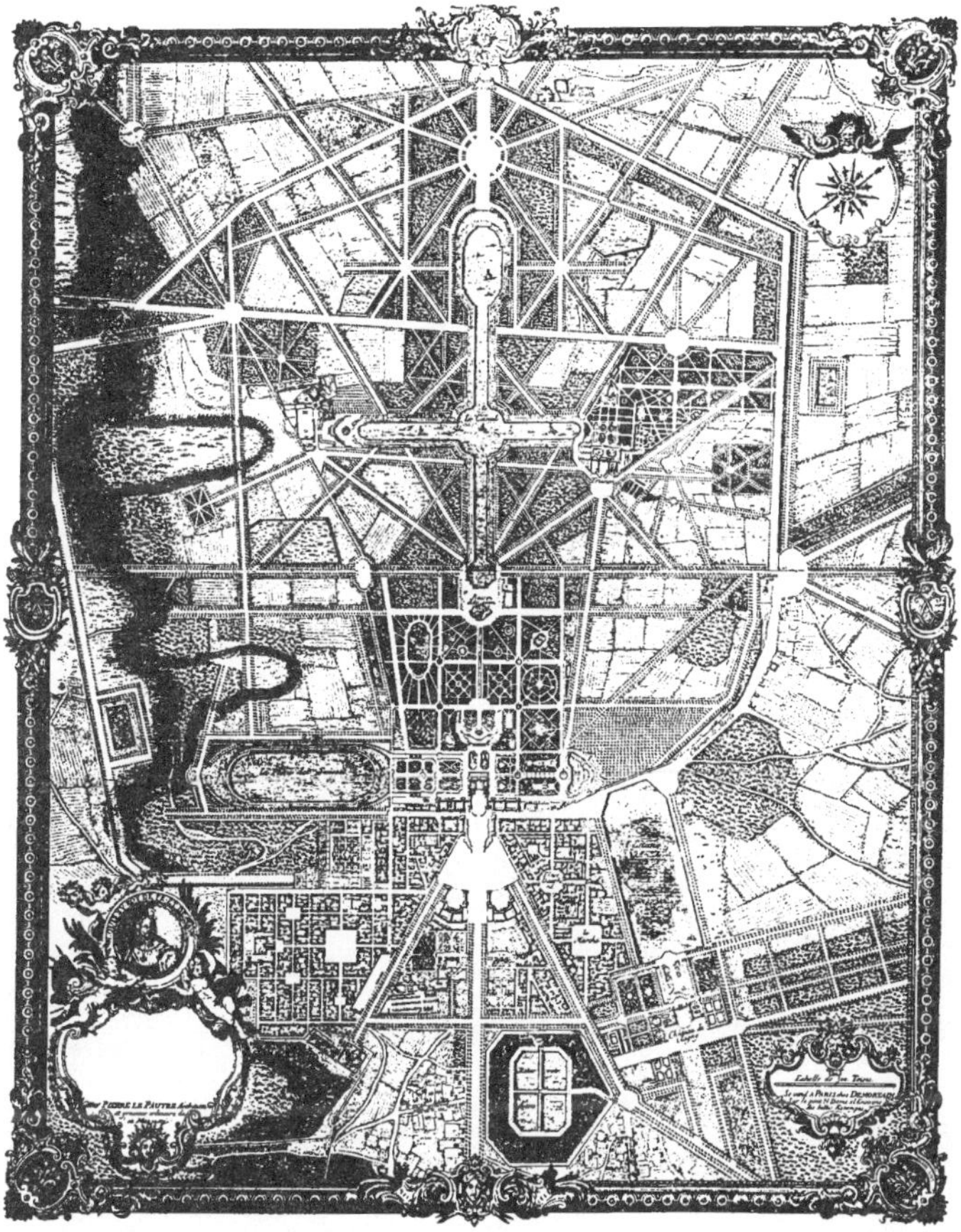

図32　ヴェルサイユ宮殿と大庭園の平面図
レオナルド・ベネーヴォロ著、佐野敬彦・林寛治訳『図説・都市の世界史 3』（相模書房、1983）、p.174

紀以来拡張されてきたルーヴル宮殿を西のテュイルリー宮殿と一体化させ、そこをパリの中心として街路を整備した。それによって、東西および南北に貫通する大通り（ブールヴァール）、中心部を迂回する大通り、鉄道駅から中心部に向かう街路、西のエトアール広場と東のナシヨン広場を中心とする放射状街路などが建設された。同じような都市改造はウィーンでも行われ、十八世紀後半に大幅に建て直されたホーフブルク（王宮）を中心として、十九世紀後半には市壁を撤去した跡に環状街路リングシュトラーセが建設され、ホーフブルクの庭園の一部は都市公園となった。

宮殿を中心とした支配構造の可視化でもある十九世紀の都市改造は、一九三〇年代のヒトラー（ベルリン）、ムッソリーニ（ローマ）、スターリン（モスクワ）の都市計画にも影響を与えた。独裁的な権力は、首都の中心にある宮殿から国家を眺め渡す。それに対して、権力の一点集中がみられない市民社会の都市の中心には、市民に共有される公共的な公園が置かれる。それを典型的に示すのが、エベニザー・ハワード（一八五〇〜一九二八）の「田園都市《ガーデン・シティ》」である。ハワードは、一八九八年に発表した理想都市構想を、一九〇二年に『明日の田園都市』として再刊し、田園都市の実現を訴えた。それによれば、田園都市は円形であり、中央公園を中心として六本の放射状道路と、五本の環状道路が市街地を貫いている（図33）。中央の環状道路は「壮大な並木道」であり、そこに公立学校や教会が置かれる。縁辺部は工場地区、その外側は農場として利用されるのである。[49]
職場としての工場と住居を近接させる自足的な田園都市の構想はレッチワースやウェルウインで現実化したが、それはその後の都市開発の主流とはならなかった。二〇世紀に入ると

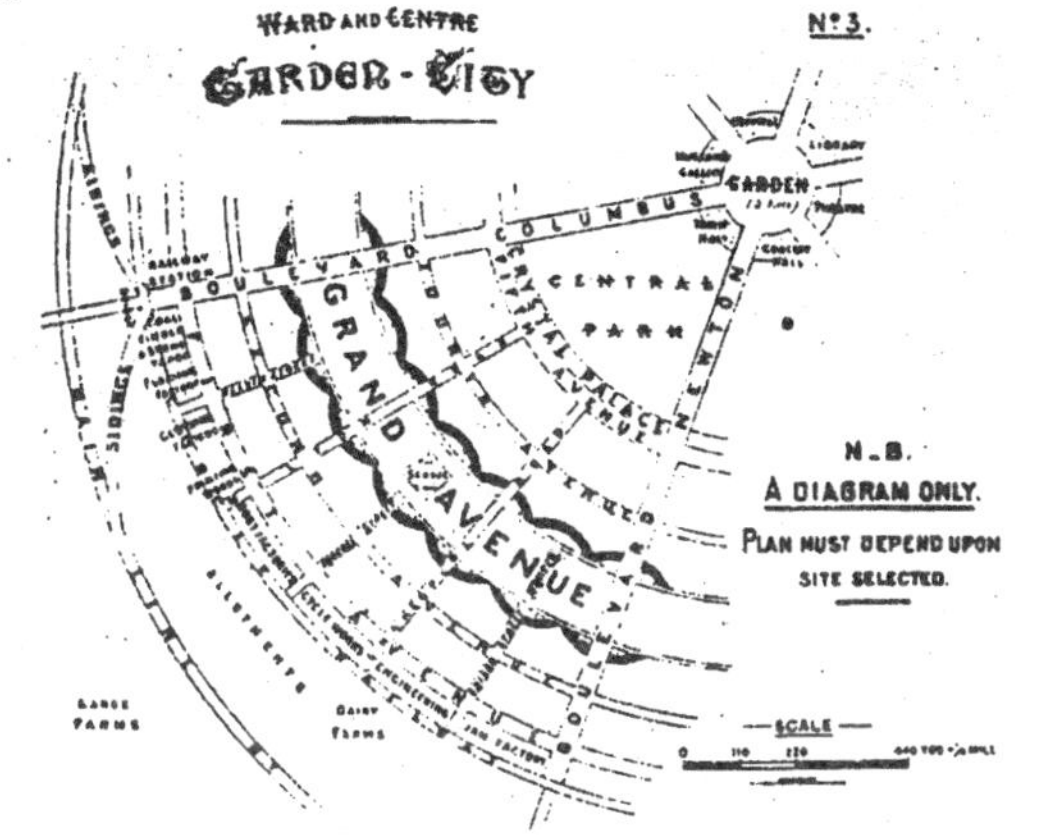

図33　田園都市
エベネザー・ハワード著、長素連訳『明日の田園都市』(鹿島出版会、1968)、p.90.

空間は機能的に分割されるようになり、大都市郊外には、衛星都市としての住宅都市（ベッドタウン）が立地するようになった。都市内部の建築も、機能的な空間分割を可能とするものに変わって行った。それが、国際様式《インターナショナル・スタイル》と呼ばれる建築である。国際様式は、一九二〇年代から五〇年代にかけての建築傾向を指す言葉であり、建築を空間のヴォリュームの組み合わせとしてとらえ、繰り返しの規則性によりリズムを出し、装飾を忌避することを特徴とする。この様式は、一九一九年にドイツのワイマールに設立された美術工芸学校バウハウスや、一九二八年に結成された「近代建築国際会議」（CIAM《シアム》）によって推し進められた。そ

の結果、近代建築の主流は、窓が規則的に並ぶ白い箱のような建物となった。代表的な例として、バウハウスの創始者であり初代校長のワルター・グロピウス（一八八三〜一九六九）のバウハウス校舎（一九二六）がある。また、一九三〇年から閉校までバウハウスの校長を務めたミース・ファン・デル・ローエ（一八八六〜一九六九）は、一九二一年に「ガラスの摩天楼」案を発表して、ガラスのカーテンウォール（建物の荷重を負担させない外壁）で覆われた高層ビルの原型を示した。このようなガラス張りの箱としての高層ビルは、アメリカに移住した彼自身によるシーグラム・ビル（一九五八）において実現された。ＣＩＡＭの中心であったル・コルビュジエ（一八八七〜一九六五）は、柱梁構造による単純な箱を基本としてサヴォア邸（一九二八〜三〇）を設計し、それは国際様式住宅のモデルとなった。第二次大戦後の集合住宅の多くもこの様式を継承し、ル・コルビュジエのユニテ・ダビタシオン（一九四六〜五二）は、その代表作である。

装飾を排除した機能的な建築は、それにふさわしい都市空間を要請する。機能主義的な都市構想は、フランスのトニー・ガルニエ（一八六九〜一九四八）が鉄筋コンクリート造建築による新しい都市のイメージを提案した「工業都市」案（一九〇四〜一七）や、イタリアの前衛芸術運動であった未来派に参加したアントニオ・サンテリア（一八八八〜一九一六）の「新都市」案（一九一三〜一四）としてあらわれた。サンテリアの「新都市」は、傾斜部分をもつ高層建築や、外部エレヴェーター、建築を貫く立体的な道路などからなり、機能的でダイナミックな幾何学的秩序をもつ都市が表現されていた。そのような都市構想を代表するのが、ル・コルビュジエによる都市計画である。ル・コルビュジエは、一九二五年の「現代装飾・工業美術国際展（アール・デコ展）」で、三年前の「サロン・ドートンヌ（秋の展覧会）」に出品した「三〇〇万人の現代都市」案と、パリ改造計画案である「ヴォワザン計画」を展示した。「三〇〇万人の現代都市」は、四〇〇メートルを基準単位とした碁盤目状の街路パターンをもち、中心にある交通ターミナルには高速道路が貫入し、都心では公園に囲まれて超高層ビルが林立している。「ヴォアザン計画」でも、セーヌ右岸のパリ都心地区が取り壊されて、広大なオープンスペースをもつ超高層ビル群となり、そこを高速道路が貫通している。高層建築と緑地と高速道路を機能的に組み合わせるこのような都市構想の到達点が、一九三五年に出版された『輝く都市』である（図34）。そこでは、都

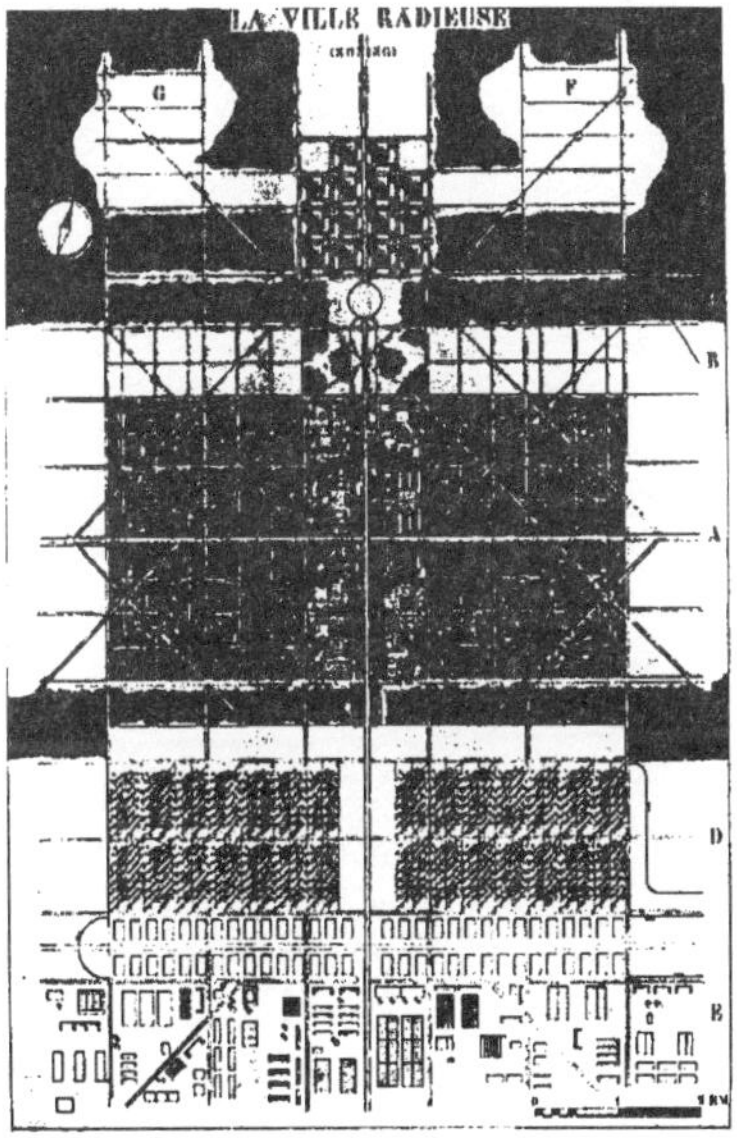

図34　「輝く都市」の平面図

心の超高層ビルにすべての人々が住み、自動車を中心とする交通路が幾何学的なパターンを描き、広大な緑地が広がっているのである。ル・コルビュジエの理想都市は、そのまま実現されることはなかった。彼の計画による唯一の都市が、インドのパンジャブ州の新州都チャンディーガルであるが、これは前任者の原案を踏襲したものであり、高層建築がひとつも存在しないなど「輝く都市」とはまったく異なるものであった。[50] しかし、世界の大規模都市開発において、「輝く都市」案に代表される未来（＝近代）都市のイメージは影響を与え続けている。東京の「新宿副都心建設計画」（一九六〇）以降の副都心開発や、パリ西方の副都心地区ラ・デファンス（建設開始一九五八）には、超高層建築を中心とする地区構成や交通手段の立体分離といった「近代的」な理念が実現されているのである。

第六章　まとめ

環境の「見かた」の四類型は、文化の発達段階と一元的に対応するものではなく、アニミズム的→宇宙論的→一神教的→近代的という進化論的な変化を想定することは適当ではない。アニミズム的「見かた」においても、風水思想のような複雑な知の体系があり、また、ヌアー族の一神教的な信仰と、マルセル・グリオールの報告で知られるドゴン族の宇宙論[1]の文化的な高低を比較しても無意味である。たしかにヨーロッパでは、古代ギリシア・ローマの宇宙論的「見かた」から中世キリスト教の一神教的「見かた」を経て、ルネサンス以降に近代的「見かた」が成立したという歴史的な変化を跡付けることができるが、そのような一連の変化は普遍的なものではなく、また、それぞれの「見かた」の発生地域が完全に重なり合うわけでもない。しかし、「見かた」の起源と変化について論じることは可能であり、また近代的「見かた」がもつ普遍性を否定できないのも事実である。そこで本章では、比較文化的な空間論のまとめとして、人間と環境の相互関係における「見かた」の発生、風景の発見として示される「見かた」の変容、そして近代的「見かた」がもつ普遍性の本質について概観したい。

「見かた」の生態学的起源

「見かた」は、自然環境によって決定されるものでもなければ、人間が勝手に決める約束事でもない。それは、人間と環境の相互関係の中から形成される空間的な認識の枠組み＝方向性である。自然や神は、その「見かた」にしたがって、われわれの前に立ち現れる。そして、ひとたび立ち現れた自然や神は、われわれの「見かた」を支える根拠となる。さらにそれは、人間関係に反映され、親から子へと受け継がれて行く。

人類にとって最初の「見かた」は、自然との相互交通としての生業の中から身についたアニミズム的「見かた」であったと考えられる。人類の原初的な生業は採集や狩猟であるが、採集狩猟民において生活をおもに支えているのは採集である。森の中で木の実などを手に入れる採集経済では、自然は「死と再生」の循環としてあらわれる。再生を繰り返す自然（森）は、人間に一定のサイクルでさまざまな食糧を与えてくれる生命力の源泉すなわち神であり、人間もその循環の一部である。

このようなアニミズム的「見かた」では、すべてのできごとは自然＝神にまかせることで処理されて行く。したがって、そこでは社会構成においても垂直的な秩序が欠けている。たとえばムブティの生活では、「すべてが一見無秩序に、ひとりでに解決していく」。社会の基本は協力である。もめごとの際に、特定の個人がその解決の指導者となることはない。ムブティは、「責任感に欠けているわけではないけれど、個人的権威を嫌い、また避ける」。責任とは公共的なものであり、すべての行為や判断の根拠となる唯一の基準は、森すなわち自然なのである。[2]

アニミズム的「見かた」を共有する集団内に生まれた子どもは、人間との一体感の中で、環境との一体感を育むことになる。ムブティの子どもにとって、すべてのおとなは親であり、祖父母である。悪いことをすれば、誰もが同じように叩くし、おとなしくしていれば、皆が可愛がってくれる。もちろん実の親は特に好きであるが、しかし、自分が皆の子どもであることを早くから知っている。[3] このような集団との一体性が、自分たちは森の子どもなのだという感覚へとつながっているのである。

採集狩猟文化において、狩猟の比重が高まると、空間構成の垂直性が意識されるようになる。狩猟民は、動物を殺し肉を手に入れなければならない一方で、その増殖を期待している。この矛盾を解決するために、狩猟民は霊魂と肉体を分離し、肉体をさらに肉と骨に分けて考える。そして、不死の霊魂が自然の領域に帰還することで、肉体が骨から再生すると想定するのである。しかし、その再生の過程を人間は目にすることができない。森で自然に進行する植物的な「死と再生」の循環とは異なり、野生動物が確実に再生するという根拠は人間にとって存在しない。そこで、再生の根拠として動物の主《ぬし》という観念が要請されることになる。ひときわ大きく立派な個体が、その種の「死と再生」をつかさどっているとされる。動物の主に対して手厚いもてなしをすることで、人間は獲物を手にすることができるのである。

動物の主という観念は、人間集団における指導者の存在と対応している。採集中心の経済とは異なり、とりわけ大型獣を対象とした狩猟においては、おもに成人男性による組織的な行動が必要であり、それを統制する指導者が存在しなければならない。動物の世界の階層性は、あきらかに人間集団の階層性の反映でもある。このような階層性は、人間と神などの霊的存在との間にも成立する。たとえば熊が、人間の祖先であったり、仮装した人間であると信じられていることがあるように、狩猟民において、人間と動物の間には連続性がみられる。したがって、霊魂―肉体の二元観は人間にもあてはまるものであり、人間の霊魂は、肉体の死とともに他界へ行き、そこから地上に戻ってくる。この再生を保証しているのが、霊的世界の支配者である。神的存在と人間の霊魂との間には、支配―被支配の垂直的な関係がみられるのであり、それが、至高神は天空の頂点に住むというような垂直性をもった他界観念に結びついているのである。

脱魂型のシャーマニズムなどをともなう発達した霊魂観が示すように、狩猟文化において、「死と再生」の循環は垂直的な成分をもつ。大地における（水平的な）「死と再生」の循環の根拠は目に見える自然そのものであるが、目に見えない垂直的な秩序については、その起源が宇宙創成神話として語られることで、信憑性が維持されなければならない。古くからの狩猟文化が残されている北ユーラシアや北アメリカには、「潜水（earth-diver）型」と呼ばれる宇宙創成神話が広く分布している。[4] これは、原初の海洋に浮かんでいた、あるいは原初の海洋に落ちてきた始原の存在が、自分で海底から泥をとってきたり、あるいは他の存在に命じて泥を取ってこさせることで大地を造るという神話である。たとえば、北アメリカ東部森林地帯のヒューロン族によれば、かつて果てしない一面の水へ空から一人の女が落ちてきた。二羽のアビが女を受け止め、ひとまず彼女は亀の背にのせられた。亀は、動物たちに海底から土を取ってくるように命じ、ビーバー、ジャコウネズミ、水鳥などが次々と失敗したが、ヒキガエルが口の中にいくらかの土をくわえてきた。女はその土を亀の甲羅の周囲に置き、それが大地の起源となった。[5] このように、潜水型の神話では、宇宙的な秩序の創成が、垂直的な階層性のもとで生起している。儀礼においてこの神話を詠唱することは、宇宙の始原を再現することであり、それによって垂直的な宇宙秩序が更新されるのである。

ほぼ新石器時代の始まりとともに、採集狩猟経済が自給自足の食料生産経済へと変化し、農耕と牧畜が成立した。農耕文化は、旧大陸で三つ、新大陸で二つの類型に分けられる。旧大陸の農耕文化は、麦作農耕文化（西アジア）・根栽農耕文化（インド東部から東南アジア大陸部）・雑穀農耕文化（サハラ南縁からインドにかけてのサバンナ地帯）であり、新大陸でも熱帯低地などに根栽農耕文化、メキシコと中央アンデスに雑穀農耕文化が成立した。農耕文化のうち、年間を通じて高温多湿な気候のもとで、根分けや株分けによってイモ類を栽培する根栽農耕文化では、いつでも作物が生長するために、季節変化をもたらす天への関心が弱く、採集文化のアニミズム的「見かた」が維持される傾向が強い。アードルフ・E・イェンゼンによれば、熱帯地方でイモやヤシ、バナナなどの果樹類を栽培して暮らしている「古層栽培民」の文化では、殺された神の身体のさまざまな部分から異なった種類の作物が発生したという「ハイヌヴェレ神話素」が特徴的に見られる。[6] この殺されて作物に化生する神とは、「死と再生」を繰り返す自然の生命力そのものである。それに対して、種子農耕地帯では、収穫を周期的にもたらしてくれる宇宙的秩序への関心が高く、農耕儀礼が発達していることが多い。イェンゼンによれば、新旧両大陸の穀物栽培民の間に、もとは天にあった穀物が何者かによって盗み出されて地上にもたらされたという「プロメーテウス神話素」が広く分布している。[7] これは、穀物栽培民にとって天が重視されていることを示しており、宇宙論的「見かた」に基づく神話であると言える。

一方、牧畜文化は、一般に西アジアの麦作農耕文化とともに成立したと考えられている。牧畜文化には、狩猟文化との結びつきの強いものと、ほとんど結びつきをもたないものがあるが、いずれにせよそれは一神教的「見かた」と親和性をもっている。牧畜においては、牧夫が家畜群を放牧させながら、その行動を統御する必要がある。そのために、牧夫は身体的な脅しや音声サインなどを利用し、さらには家畜群の中の特定の個体（メスあるいは去勢オス）を群れのリーダーとして訓練する場合もある。牧夫はまた、搾乳のために母子を分離したり、種オス以外のオスを去勢あるいは畜殺したり、オスを定期的に隔離して交尾期を集中させたりする。このように、牧夫は家畜を上から支配管理しているのであり、この「牧夫―家畜」関係は、「超越神―人」関係と同型である。牧畜文化では、種子農耕文化や狩猟文化起源の宇宙論的「見かた」における天空＝至高神が、唯一神的な性格をもつ神として現れる傾向があると言える。

古代文明は、基本的に種子農耕文化と牧畜文化の接触地域で発達した。農耕儀礼の発達した麦作農耕文化や雑穀農耕文化では、祭司＝王を頂点とする階層構造が成立していたが、それに超越的な神を宇宙秩序の頂点とする牧畜文化が重なり合うことで、天空＝至高神を王権の根拠とする強大な王が登場することになった。牧畜文化と古代文明における支配の階層の相同性に関して、谷は「牧夫―去勢オス―家畜群」関係と「王―宦官―人民」関係の同型性に注目している。地中海地域から中近東にかけて帯状に、去勢オス羊を群れのリーダーとして使う技法が分布しているが、それは宦官の技法が最も早くから成立した地域と重なり合うのである。[8] 古代文明は、王権の根拠を人民に示すために、宇宙創成神話《コスモゴニー》や宇宙構造論《コスモグラフィー》を発達させた。強力な祭司階級が、宇宙論的「見かた」を維持することになった。一方、そのような強大な王権の圧力下にあった周辺地域で、しかも牧畜文化の一神教的な「見かた」をもっていた民族が、天上の王としての唯一神を見いだすことになったのである。

「見かた」の変容と風景

「風景《ランドスケープ》」は、環境の特定の「見かた」による知覚像やイメージである。そして、その「見かた」とは、「風景とはこういったもの」というイメージである。そのイメージに基づいて、風景が見いだされる。ところが風景のイメージとは、風景以外のなにものでもない。したがって、風景は環境の「見かた」そのものである。われわれは、風景という外的なものを一般化して取り出すことはできない。どんな環境であっても、われわれが風景と見なすとき、それは風景となる。風景という「見かた」によって、環境は風景として知覚されるのである。

風景は、特定の時代と地域において発見されてきた。その重要なものは、ヘレニズム期（前四世紀〜前一世紀）の古代ギリシア、六朝期（三世紀〜六世紀）の中国江南、ルネサンス期（十四世紀〜十六世紀）のヨーロッパである。これらの風景という「見かた」に共通しているのは、（一）個別化された視点、（二）水平的な視線、（三）環境との一体性の認識である。（一）の視点の個別化とは、宇宙論的な秩序が儀礼などを通じて共同体に共有されているのに対し、共同体の外部に立って環境を眺めるということである。その典型は、農村地域にやってきた都市住民の視点である。（二）の水平的な視線とは、超越的な神の（＝神への）垂直方向の視線に対して、地上に対する世俗化された視線を意味する。これは人間自身へ向けた視線でもあり、人間の活動や生活空間に目が向けられる。（三）の一体性とは、人間の内面（魂やエネルギーや心）と環境との相互交通のことであり、それを認識することで、環境が人間の内面に影響を与えたり、人間の内面を投影したりするものとして現れる。それが、文字や絵画で表現されて、広く共有されるイメージを形作るのである

ヘレニズム期の古代ギリシアでは、シチリア島のシラクサ出身であるテオクリトス（前三〇〇頃〜前二六〇頃）が「牧歌（エイデュリオン）」を創始した。牧歌とは、田園を舞台として、歌の好きな羊飼いたちの生活を描いた文学であり、テオクリトスの描く田園は、都会の喧噪から遠く隔たった閉鎖的な理想郷としての性格をもっていた。牧歌は、都市生活者であ

ったテオクリトスが、共同体の外部から見た田園的情景を歌ったものであり、そこには都市的な世界を厭う彼個人の気分が投影されていたのである。風景を発見したヘレニズム期の水平的な視線は、劇場からも読み取れる。古代ギリシアの劇場は、円形の平土間であるオルケストラを観客席であるテアトロンが取り囲むものであった。それがヘレニズム期には、演劇の宗教性が失われるとともに舞台と客席が対面する配置となり、舞台には背景画が描かれるようになった。ヘレニズム期には、遠近法を使ったこのような背景画を手本にして、人物のまったく登場しない風景画が描かれ、ローマ時代の壁画にその模作が残されたのである。

中国江南では、六朝期（二二〇〜五八九）に、道教的な思想を背景として理想郷としての山水が発見された。山水は、山水詩や山水画に描かれた。山水詩の創始者と言える謝霊運（三八五〜四三三）は、浙江に左遷されたとき自然の美に慰めを見いだしたのであり、それは都市的な個別化された視点による風景の発見を意味する。同時代の陶淵明（三六五〜四二七）は、農民の姿を含めて農村の情景を歌う田園詩を創始したが、彼も官界を離れ郷里の農村での隠遁生活の中から作品を生み出した。山水画に関しても、同じ時期に最初の純粋な山水画家とされる宗炳（三七三〜四四三）が、昇進を断り、浙江の山中をさまよい歩いて絵を描いた。山水田園詩や山水画は、山水や田園を理想郷と見て、その場所との一体感を表現するものである。中国南部では、都市的な視点から山や谷に視線を向け、その中に包み込まれようとする「見かた」として、風景が発見されたのである。

ルネサンス期のヨーロッパでは、古典古代の文化を再発見したペトラルカによって十四世紀に山岳からの雄大な風景が見いだされた。これは、神の視点から離れた個人的な視点の萌芽と言える。十五世紀にはフランドルで、ファン・アイクにより近代風景画が生まれた。それは、ゴシック様式における写実主義の徹底化であり、水平的な視線の確立を意味した。さらに、十六世紀前半にドナウ渓谷で、人物的要素が完全に消えた油彩風景画が成立した。その背景には、自然の成長の力と人間の生命力を重ね合わせるヘルメス思想があった。自然と人間の有機体としての一体性に対する認識が、自然そのものを描く風景画をもたらしたのである。

これらの風景の発見は、いずれも「見かた」の変容によって説明することができる。それぞれの「見かた」が安定して維持されているだけでは、風景は発見されない。たとえば、一神教的「見かた」では、(一)の個別化された視点は神の特権的な視点として存在するが、(二)の水平的な視線が欠けており、(三)の環境との一体感も不十分である。そのため、中世キリスト教世界やイスラーム世界では、風景表現が発達しなかった。それ以外でも、アニミズム的「見かた」では、(一)の個別的な視点が欠けており、宇宙論的「見かた」では(二)の水平的な視線が発達していない。近代的「見かた」では(三)が存在しないのである。

文化同士の接触などにより、それらの欠けた部分が満たされることで、風景が見いだされる。ヘレニズムにおいては、都市文明が発達したことにより、伝統的な文化を守り続けている農村を外から見る都市住民の視点が生まれた。また、東方系の神々の流入もあり、古代以来のオリュンポス諸神による垂直的な宇宙秩序が揺らぐことで、演劇の世俗化に示されるような視線の水平化が生じた。都市化にともなう視点の個別化と、宇宙論的「見かた」の衰退による視線の水平化が、人間と自然の関係が密接なギリシア的伝統と重なり合うことで、田園の風景が発見されたのである。中国南部においては、六朝期に北部の宇宙論的「見かた」と南部のアニミズム的「見かた」の接触が生じた。垂直的な宇宙の縮図である都市の住民が自然に対してもつ個別的な視点と、水平的な視線により環境との一体感を求める道教的な思想が出会うことで、山水が風景として現れた。ヨーロッパでは、ルネサンスにおいて一神教的「見かた」の転倒により視点の個別化と視線の水平化が起こるとともに、ヘルメス思想に代表される宇宙論的「見かた」の再生によって、環境との一体感が意識されるようになったのである。

近代的「見かた」の普遍性とポストモダニズム

「見かた」の四類型のうち、近代的「見かた」は、ほかの「見かた」とは比較にならないほどの普遍性をもつ。近代国家のレヴェルで見ても、日本のようにアニミズム的「見かた」を保持している地域もあれば、カースト制度をもつインドを典型とするように宇宙論的「見かた」が支配的な地域もあり、イスラーム圏のように一神教的「見かた」が強固な地域も存在している。しかし、そのいずれの地域にも、科学技術や資本主義経済による近代化という形で近代的「見かた」が入り込んでいる。

その普遍性は、近代的「見かた」自体がもつ対象化の作用によるものである。近代的「見かた」とは、主体としての理性的な人間が、環境との間に切断線を入れ、それを「物」として対象化（客体化）するという「見かた」である。この切断による対象化は、人間の内面にも適用される。理性が超越的な視点となって、人間の内面をも照らし出すのである。すなわち、近代的「見かた」によって、「物」の世界とともに「内面」の世界が発見される。その内面に見いだされるのが、伝統的な「見かた」である。なぜなら、主観と客観を二分する近代的「見かた」においては、「見かた」自体は人間の内面（主観）に属するほかはないからである。したがって、近代化の初期には、近代的「見かた」の主体でありながら、伝統的「見かた」を内面に抱え込んでいるという人間像が現れることになる。また、伝統的な「見かた」（内面）を意識しつつ、近代的「見かた」によって環境を対象化することによって、いわゆる伝統的な風景が「発見」される。このように、近代的「見かた」においては、主体には理性という超越的な視点があるだけで、主体の内面はいわば空である。そこに、伝統的な「見かた」がはめこまれるのであり、基本的にどのような伝統的「見かた」も近代的「見かた」の中に取り込まれてしまう。そのために、近代的「見かた」は強い普遍性をもつのである。それに対抗できるのは、近代的「見かた」の人間の理性の位置に、超越的・絶対的な神を置く唯一神教しかないであろう。近代的な機器を使用しないキリスト教プロテスタントのアーミッシュ派は、そのような対抗の実例である。

内面（心）をも「物」として対象化する近代的「見かた」により、理性をもつ人間は「物」へとはたらきかける。その目的とは、近代的「見かた」によって見いだされてきた普遍的とされる価値である。科学者にとってのそれは、「物」の世界を説明する理論であり、資本家にとってのそれは、「物」を商品として根拠づける貨幣である。科学者は、理論を手に入れるために、企業は貨幣（利潤）を手に入れるために、「物」にはたらきかける。しかし、そのための社会機構が成立すると、その機構を維持することが最大の目的となる。研究施設は研究を続けていくために業績を上げ、企業は経営を続けていくために利潤を上げなければならなくなる。そのためには、伝統的な「見かた」が保持してきた価値の破壊さえ起こりうる。その典型が、生命の科学的操作や、環境破壊である。神から授かったものとされてきた人間の生命が、学者によって「物」として扱われたり、採集狩猟の場であり神の領域とされてきた森林が、企業の経済活動によって破壊されたりするのである。このような近代的「見かた」に基づく行為は、伝統的な「見かた」を人間の内面という領域におしこめたまま進展しうる。したがって、たとえば自然と親しんできたはずの日本人がなぜ環境破壊に突き進んだのかという問題を、日本人の伝統的な自然観だけから説明することはできない。日本人は自然に対して子が母にもつような依存的な関係をもっていたため、自然を対象化して保護することができなかったという言い方がしばしばなされる。しかし、当然のことながら、環境破壊そのものは、アニミズム的「見かた」を内面として取り込んだ近代的「見かた」が動力となって推進されたのである。

近代化による環境破壊の激化や、先進国と発展途上国の貧富の差の拡大は、近代的「見かた」に対する反省をもたらした。近代的「見かた」を相対化するような「見かた」は、ポストモダン的「見かた」ということができる。ポストモダニズムという用語は、一九七〇年代以降のアメリカ建築から生まれてきたものである。それは、白色あるいはガラスの箱としての国際様式に対して、さまざまな歴史的様式を再生しようとする潮流であり、建築に古典主義的な造形が用いられたり、歴史的建造物の保存再生計画が進められるといった形で現れた。西洋近代主義の普遍性を括弧に入れるポストモダン的「見かた」は、一九七〇年代にカナダやオーストラリアで登場した多文化主義や、環境破壊に対する反省からやはり一九七〇年代に生まれた環境倫理学におけるアニミズム的「見かた」の復権などにも現れている。しかし、ポストモダン的な相対化を支えているのも、実は近代的「見かた」にほかならない。理性によってすべてを対象化する近代的「見かた」は、自らをも対象化しうる。その結果、近代的「見かた」自体を、ほかの伝統的な「見かた」と並ぶものとして示すことができるのである。これは、近代的「見かた」の徹底である。モダニズム（近代主義）を徹底させたこの立場は、アンソニー・ギデンズの言葉を借りれば「ハイモダニズム」と言うことができるだろう。[9]

一般的に、ポストモダニズムにおいては、モダニズムがもつ普遍性は否定される。それは、西洋近代のひとつの特殊な「見かた」とされるのである。しかし、そのような相対化の徹底は、すべてを相対化する視点そのものまで相対化されざるをえないという問題を引き起こす。普遍性をもった確実な土台は、どこにも存在しなくなる。その結果、われわれが立脚する視点は、自分たちの特殊な「見かた」以外にはなくなってしまう。それによって生じるのが、自分たちの伝統的な「見かた」に優越性を見いだすという態度である。それは、しばしば民族ナショナリズムと結びつく。しかし、根本的にポストモダニズムとは、モダニズムを土台としている。ポストモダン建築を、近代建築の技法を使わずに構築することはできない。環境倫理学が主張する、人格だけではなく自然物も最適の生存への権利をもつという

「権利アニミズム」[10]は、近代的「見かた」によって照らし出されたアニミズム的「見かた」である。環境保護は、環境を対象化する近代的「見かた」のもとで可能となるのである。科学や資本主義経済がそうであるように、近代的「見かた」とは、すべてを対象化する運動そのものである（したがって、さまざまな「見かた」を類型化して示した本書も、単なる相対主義ではなく、近代的「見かた」に基づいたものというほかはないであろう）。

われわれの生活そのものが近代的「見かた」によって成り立っている以上、それを無視して次に来るべき「見かた」について主張することはできない。われわれの合理的な思考を支えている近代的「見かた」という土台から外へ出ようとしても、それは結局、新たな超越的視点の設定をもたらすだけである。そのような視点に立つのは、たとえば近代科学を超越したと称するカルト的な宗教団体の主宰者である。しかし、その種の集団の活動も、近代科学と資本主義経済によって支えられている。われわれに必要なのは、近代的「見かた」の超克といったものではなく、その「見かた」をいわば内側から拡充していくことである。われわれは、近代的「見かた」を基盤に、しかもそれが基盤となっていることを、その限界も含めて認識しながら、他の「見かた」を伝統的な知として引き入れつつ、環境にはたらきかけていかなければならないのである。

注

はじめに

1　エリク・H・エリクソン著、大沼隆訳『青年ルター——精神分析的・歴史的研究』（教文社、一九七四年）、四七八—四七九頁。

2　松本滋『父性的宗教・母性的宗教』（東京大学出版会、一九八七年）、一九—二一、八九—九〇頁。

第一章　環境の「見かた」の四類型

1　「見かた」の概念については、拙著『日本空間の誕生——コスモロジー・風景・他界観』（せりか書房、一九九五年）の第一章も参照のこと。

2　河合隼雄『母性社会日本の病理』（中央公論社、一九七六年）、九—一〇頁。

3　エリク・H・エリクソン著、仁科弥生訳『幼児期と社会Ⅰ』（みすず書房、一九七七年）、一一七—一二五頁。

4　ジョージ・レイコフ、マーク・ジョンソン著、渡部昇一・楠瀬淳三・下谷和幸訳『レトリックと人生』（大修館書店、一九八六年）、二二一—二二二頁。

5 田中良之『古墳時代親族構造の研究——人骨が語る古代社会』(柏書房、一九九五年)。
6 ジョージ・P・マードック著、内藤莞爾監訳『社会構造』(新泉社、一九七八年)で、マードックは、戦争が男性の力を高め、妻たちを手元に置くことを可能にするため、父処(父方)居住を促すと述べている(二四八—二四九頁)。父処居住により、男性の手に財産が集中することで、父系相続が行われるようになる(二四八頁)。この状況のもとで、父系出自が発展する(二五八—二五九頁)。

第二章 アニミズム的「見かた」

1 コリン・M・ターンブル著、藤川玄人訳『森の民』(筑摩書房、一九七六年)、四八—四九頁。
2 同書、四二、五〇、五二—五三、一一二—一一三頁。
3 同書、七七頁。
4 同書、一二六頁。
5 同書、七七頁。
6 同書、六八頁。
7 同書、五八、六一、六六—七〇頁。
8 同書、七八頁。
9 同書、一三一—一三五頁。
10 同書、一三四頁。
11 同書、一〇八頁。
12 同書、三二頁。

13 同書、六八―六九頁。
14 モーリス・レーナルト著、坂井信三訳『ド・カモ――メラネシア世界の人格と神話』(せりか書房、一九九〇年)、一六〇―一六一、一八三―一八四頁。
15 同書、一六一―一六二頁。
16 内堀基光・山下晋司『死の人類学』(弘文堂、一九八六年)、二七六頁。
17 前掲書(14)、六七頁。
18 同書、四八、五一頁。
19 同書、六〇、六二頁。
20 同書、五九、六五頁。
21 同書、一〇四頁。
22 同書、一〇七―一〇八頁。
23 同書、一〇八頁。
24 同書、一一一―一一二頁。
25 同書、一一一頁。
26 同書、一一九頁。
27 同書、一二四頁、一五二頁。
28 同書、一六四―一六五頁。
29 同書、一七一頁。
30 同書、一二六―一二七頁。
31 同書、一七一頁。
32 同書、六一頁。

33 前掲書（16）、三三〇—三三五頁。
34 内堀基光「森の資源の獲得戦略とその象徴化」、大塚柳太郎編『講座地球に生きる3　資源への文化適応——自然との共存のエコロジー』（雄山閣、一九九四年）、一八七—一八八頁。
35 前掲書（16）、三三八頁。
36 同書、四〇—四一頁。
37 同書、四一—四三頁。
38 同書、四八—四九頁。
39 同書、九〇、九三—九五頁。
40 同書、一一三、一一五頁。
41 同書、一一六頁。
42 同書、四七—四八頁。
43 同書、一二六頁。
44 村武精一『祭祀空間の構造——社会人類学ノート』（東京大学出版会、一九八四年）、一八二—一八三頁。
45 柳田國男「根の国の話」、『柳田國男全集1』（筑摩書房［ちくま文庫］、一九八九年）、一二四—一五六頁。
46 前掲書（44）、三〇—三三頁。
47 同書、四一—四二頁。
48 長沢和俊編『奄美文化史』（西日本新聞社、一九七四年）、一一七頁。
49 前掲書（44）、四三頁。
50 同書、五七頁。

51 同書、二二六―二二八頁。
52 同書、四四頁。
53 柳田國男「先祖の話」、『柳田國男全集13』（筑摩書房［ちくま文庫］、一九九〇年）、七―二〇九頁。
54 福田アジオ『時間の民俗学・空間の民俗学』（木耳社、一九八九年）、一〇九―一一〇頁。
55 同書、八七、一一五、一二四頁。
56 同書、一三二―一四〇頁。
57 同書、一一一―一一二頁。
58 同書、一四〇―一四三頁。
59 柳田國男「稲の産屋」、『柳田國男全集1』（筑摩書房［ちくま文庫］、一九八九年）、二四八―二八九頁。
60 前掲書（1）、一二三四頁。
61 前掲書（14）、一〇八頁。
62 同書、二二六、三〇四頁。
63 同書、一六二頁。
64 同書、三〇六頁。
65 同書、一五三頁。
66 同書、一四六―一四七頁。
67 前掲書（16）、一〇三―一〇七頁
68 古橋信孝『万葉歌の成立』（講談社［講談社学術文庫］、一九九三年）、六七頁。
69 外間守善・新里幸昭編『南島歌謡大成3　宮古篇』（角川書店、一九七八年）、四七二頁。

70　同書、九一―一一頁。
71　前掲書（14）、八六―八七頁。
72　中西進『古代日本人の宇宙観』（日本放送出版協会、一九九四年）、四一頁。
73　ミルチャ・エリアーデ著、久米博訳『エリアーデ著作集第三巻　聖なる空間と時間　宗教学概論3』（せりか書房、一九七四年）、八七―一一八頁。
74　イーフー・トゥアン著、小野有五・阿部一訳『トポフィリア――人間と環境』（せりか書房、一九九二年）、一三九頁に引用された Colin M. Turnbull, "Legends of the BaMbuti," *Journal of the Royal Anthropological Institute*, 89 (1959), p.45.
75　大林太良・伊藤清司・吉田敦彦・松村一男編『世界神話事典』（角川書店、一九九四年）、三六一、四四九頁。
76　大林太良「琉球神話と周囲諸民族神話との比較」、日本民族学会編『沖縄の民族学的研究――民俗社会と世界像』（民族学振興会、一九七三年）、三三一―三三六頁。
77　三浦國雄『風水　中国人のトポス』（平凡社［平凡社ライブラリー］、一九九五年）、一九二―一九三頁。
78　同書、一九三頁。
79　同書、一九三―一九四、一九八―二〇二頁。
80　中野美代子『龍の住むランドスケープ――中国人の空間デザイン』（福武書店、一九九一年）、一六二―一六三頁。
81　朝鮮総督府編、村山智順著『朝鮮の風水』（図書刊行会、一九七二年）。
82　前掲書（77）、三四六―三四七頁に引用された、黄永融『風水思想における原則性から見た平安京を中心とする日本古代宮都計画の分析研究』（京都府立大学大学院修士論文、一九九三年度）。

83 仲松弥秀『神と村』(伝統と現代社、一九七五年)、一五―一六頁。
84 前掲書(77)、二〇六頁。
85 渡邊欣雄『風水思想と東アジア』(人文書院、一九九〇年)、三六―三九頁。
86 渡邊欣雄『風水 気の景観地理学』(人文書院、一九九四年)、二三七―二四九頁。
87 前掲書(77)、二〇五頁。
88 前掲書(86)、二二五頁。
89 同書、一三五頁。
90 ヨハン・J・M・デ・ホロート著、牧尾良海訳『中国の風水思想』(第一書房、一九八六年)、二一―三頁。
91 同書、一〇四頁。
92 大室幹雄『園林都市――中世中国の世界像』(三省堂、一九八五年)、一二六―一二七頁。
93 福永光司『道教思想史』(岩波書店、一九八七年)、四五三―四五四頁。
94 前掲書(77)、一〇四頁。
95 同書、八四、八八―九〇、一〇五―一〇八頁。
96 同書、一一〇―一一一頁。
97 アンリ・マスペロ著、川勝義雄訳『道教』(平凡社[東洋文庫]、一九七八年)、四〇頁。
98 松枝茂夫編『中国名詩選(中)』(岩波書店[岩波文庫]、一九八四年)、五八―五九頁。
99 中国において別天地とひさご形の壷の観念が切り離せないことは、ロルフ・スタン著、福井文雅・明神洋訳『盆栽の宇宙誌』(せりか書房、一九八五年)で論じられている。
100 前掲書(77)、一四五頁。
101 マイケル・サリヴァン著、中野美代子・杉野目康子訳『中国山水画の誕生』(青土社、一九九五年)、七一—七二頁。

102 松枝茂夫・和田武司訳注『陶淵明全集(下)』(岩波書店[岩波文庫]、一九九〇年)、一四四—一四五頁。

103 前掲書(101)、二〇二頁。

104 同書、二〇八、二一二頁。

105 同書、二一八—二一九頁。

106 同書、二二〇—二二一頁。

107 同書、二二一頁。

108 同書、二二〇頁。

109 マイケル・サリバン著、新藤武弘訳『中国美術史』(新潮社[新潮選書]、一九七三年)、二三六—二三九頁。

第三章 宇宙論的「見かた」

1 モーリス・レーナルト著、坂井信三訳『ド・カモ——メラネシア世界の人格と神話』(せりか書房、一九九〇年)、八三頁。

2 ロズリン・ポイニャント著、豊田由貴夫訳『オセアニア神話』(青土社、一九九三年)、二〇二頁。

3 前掲書(1)、八三頁。

4 Firth, Raymond, "Report on Research in Tikopia," *Oceania*, vol.I, No.1 (1930), HRAF Files, OT11 Tikopia, Source No.8, p.115.

5　前掲書（2）、八五頁。
6　同書、一四五頁。
7　須藤健一『母系社会の構造』（紀伊國屋書店、一九八九年）、一三五—一三七頁。
8　同書、一三九—一四一頁。
9　Howitt, Alfred William, *The native tribes of south-east Australia* (Canberra: Aboriginal Studies Press, 1996), p.426.
10　Mountford, Charles Pearcy, *Ayers Rock: its people, their beliefs, and their art* (Honolulu: East-West Center Press, 1965), p.24.
11　前掲書（9）、四二六—四二七頁。
12　前掲書（10）、二五頁。
13　Berndt, Ronald Murray and Catherine Helen Berndt, *The world of the first Australians: aboriginal traditional life, past and present* (Canberra: Aboriginal Studies Press, 1996), p.480.
14　前掲書（10）、二五—二六頁。
15　内堀基光・山下晋司『死の人類学』（弘文堂、一九八六年）、二四七頁。
16　同書、二四四、二四六頁。
17　同書、二一六—二一七、二七五—二七六頁。
18　同書、二二七—二二八頁。
19　同書、二三七—二三九頁。
20　同書、二四六頁。
21　佐々木宏幹『シャーマニズム』（中央公論社［中公新書］、一九八〇年）、九〇—九二頁に引用された、常見純一「霊魂・祖先・シャーマニズム・親族組織・世界観の関係——ミャオ族におけ

る一霊魂制と三霊魂制」、『祖先観と社会構造』（東京教育大学、一九六七年）、二六―三五頁。

22 同書、九二―九三頁に引用された、Maspero, H., Mœurs et coutumes des populations sauvages, in: G. Maspero (ed.), *Un Empire colonial françise, L'Indochine*, vol.1 (1929). 及び、加治明「黒タイ族の宗教について」、『宗教学論集』第六輯（駒沢大学宗教学研究会、一九七三年）、六三―六四頁。

23 大林太良・伊藤清司・吉田敦彦・松村一雄編『世界神話事典』（角川書店、一九九四年）、四四五頁。

24 山田孝子『アイヌの世界観』（講談社［講談社選書メチエ］、一九九四年）、二九―三〇頁。

25 大林太良『北方の民族と文化』（山川出版社、一九九一年）、三三七頁。

26 前掲書（23）、四三四頁。

27 Lehtisalo, Toivo V., "Entwurf einer Mythologie der Jurak-Samojeden [Sketch of a mythology of the Yurak Samoyed]," *Suomalais-ugrilaisen Seuran Toimituksia*, 53 (1924), Translated from the German for the Human Relations Area Files by Frieda Schütze and edited in 1952, HRAF Files, RU4 Samoyed, Source No.17, p.13.

28 Bogoras-Tan, Vladimir Germanovich, "The Chukchee: Material Culture [Part 1], Religion [Part 2], Social Organization [Part 3]," *Memoires of the American Museum of Natural History*, Vol.XI (1904 [Part 1], 1907 [Part 2], 1909 [Part 3]), HRAF Files, RY2 Chukchee, Source No.1, pp.311, 330–331.

29 前掲書（24）、二二七―二二九頁。

30 アドルフ・フリートリッヒ著、田中克彦訳「ツングース族の世界像」、大林太良編『神話・社会・世界観』（角川書店、一九七二年）、二二三―二二四頁。

31 同書、二一五―二一八頁。

32 前掲書（24）、二〇九頁に引用された、Black, Lydia, "The Nivkh (Gilyak) of Sakhalin and the Lower

Amur," *Arctic Anthropology*, Vol.10, No.1 (1973), p.47.

33 同書、二一三頁に引用された、Black (1973), pp.51–52, 68. Shternberg, Lev IA., *The Gilyak, Orochi, Goldi, Negidal, Ainu; Articles and Materials* (Habarovsk: Dalgiz, 1933), HRAF Files, RX2 Gilyak, Source No.1, pp.126–127. Czaplcka, M.A., Aboriginal Siberia (Oxford University Press, 1914), p.272.

34 前掲書(25)、一三〇頁。

35 前掲書(24)、二一〇頁に引用された、Shternberg (1933), p.99.

36 同書、二一一—二一二頁に引用された、Shternberg (1933), pp.106–113, 117. E・A・クレイノヴィチ著、枡本哲訳『サハリン・アムール民族誌——ニヴフ族の生活と世界観』(法政大学出版局、一九九三年)、一三一—一八三頁。Hawes, Charles H., *In the Uttermost East* (New York: Charles Scribner's Sons, 1904), pp.195–201.

37 Waterman, T. T., "Yurok Geography," *University of California Publications in Archaeology and Ethnology*, Vol.16, No.5 (1920), HRAF Files, NS31 Yurok, Source No.6, pp.189–190.

38 Mooney, James, "The Ghost-Dance Religion and the Sioux outbreak of 1890," *U.S., Bureau of Ethnology, Annual Report to the Secretary of the Smithsonian Institution*, 14, part 2 (1896), HRAF Files, NQ6 Arapaho, Source No.14, pp.971, 976.

39 Reichel-Dolmatoff, Gerardo, "Los Kogi: Una Tribu de la Sierra Nevada de Santa Marta, Colombia. Tomo I [The Kogi: a Tribe of the Sierra Nevada de Santa Marta, Colombia. Vol.1]," *Revista del Instituto Etnologico Nacional*, Vol.4, Nos.1–2 (1949–50), Translated from the Spanish for the Human Relations Area Files by Sydney Muirden, HRAF Files, SC7 Cagaba, Source No.1, p.241.

40 Métraux, Alfred, "Myths of the Toba and Pilaga Indians of the Gran Chaco," *American Folklore Society, Memoirs*, 40 (1946), HRAF Files, SI12 Toba, Source No.3, p.25.

41 McIlwraith, Thomas F., *The Bella Coola Indians.* Vol. 1 (University of Toronto Press, 1948), HRAF Files, NE6 Bellacoola, Source No.1, pp.23–26, 497. Boas, Franz, "The Mythology of the Bella Coola Indians," *Memoirs of the American Museum of Natural History*, Vol. 2 (1900), HRAF Files, NE6 Bellacoola, Source No.7, pp.27–28, 37–38. マイケル・ジョーダン著、松浦俊輔他訳『主題別事典 世界の神話』（青土社、一九九六年）、一〇七頁。

42 Chagnon, Napoleon Alphonseau, *Yanomamö, the fierce people* (Holt, Rinehart and Winston, 1968), HRAF Files, SQ18 Yanoama, Source No.11, pp.44–45.

43 Wilbert, Johannes, "Geography and telluric lore of the Orinoco Delta," *Journal of Latin American Lore*, 5 (1979), HRAF Files, SS18 Warao, Source No.17, p.135. Wilbert, Johannes, "Warao cosmology and Yekuana roundhouse symbolism," *Journal of Latin American Lore*, 7 (1981), HRAF Files, SS18 Warao, Source No.18, pp.37–40.

44 Lantis, Margaret, "The mythology of Kodiak Island, Alaska," *Journal of American Folk-Lore*, 51 (1938), HRAF Files, NA10 South Alaska Eskimo, Source No.5, p.137.

45 Jenness, Diamond, "The Life of the Copper Eskimos," *Report of the Canadian Arctic Expedition, 1913–18*, Vol.XII (1922), HRAF Files, ND8 Copper Eskimo, Source No.1, pp.179–180.

46 Bowers, Alfred W., *Mandan Social and Ceremonial Organization* (University of Chicago Press, 1950), HRAF Files, NQ17 Mandan, Source No.2, p.272.

47 Lowie, Robert Harry, "Notes on Shoshonean Ethnography," *American Museum of Natural History, Anthropological Papers*, 20, Part III (1924), HRAF Files, NT19 Ute, Source No.13, p.293.

48 石田英一郎『マヤ文明』（中央公論社［中公新書］、一九六七年）、八八頁。

49 León-Portilla, Miguel, *Aztec thought and culture; a study of the ancient Nahuatl mind*, Translated from

the Spanish by Jack Emory David (University of Oklahoma Press, 1963), HRAF Files, NU7 Aztec, Source No.23, p.47.

50　イーフー・トゥアン著、小野有五・阿部一訳『トポフィリア――人間と環境』（せりか書房、一九九二年）、六七頁に引用された、Leslie A. White, "The World of the Keresan Pueblo Indians," in Stanley Diamond ed., *Primitive Views of the World* (New York: Columbia University Press, 1964), pp.83–94.

51　Pittman, Anne Myrtle, *Recreation activities instrumental to expressed life goals of San Carlos teen-age Apaches* (Dissertation [Education], Stanford University, 1972, University Microfilms, 1972, [1980 copy], University Microfilms Publications, 72–20, 740), HRAF Files, NT21 Western Apache, Source No.25, p.22.

52　ジョン・G・ナイハルト著、大島良行訳『終わりなき夢と闘い』（合同出版、一九七三年）、一〇頁。

53　Cushing, Frank Hamilton, "Outline of Zuni Creation Myths," *Bureau of Ethnology, Annual Report to the Secretary of the Smithsonian Institution*, 13 (1896), HRAF Files, NT23 Zuni, Source No.12, p.369.

54　Wyman, Leland Clifton, Willard Williams Hill, and Eva Ósanai, "Navajo eschatology," *New Mexico, University, Bulletin*, 4, no.1 (1942), HRAF Files, NT13 Navaho, Source No.65, pp.13–14.

55　コティー・バーランド著、松田幸雄訳『アメリカ・インディアン神話』（青土社、一九九〇年）、一七三―一七四頁。

56　前掲書（23）、七三―七四頁。

57　ジェイムズ・J・ギブソン著、古崎敬・古崎愛子・辻敬一郎・村瀬旻訳『生態学的視覚論――ヒトの知覚世界を探る』（サイエンス社、一九八五年）、一七八頁。

58　前掲書（52）、一七七頁。

59 同書、二九、一四九頁。
60 同書、一六四頁。
61 クロード・レヴィ＝ストロース著、川田順造訳『悲しき熱帯（下）』（中央公論社、一九七七年）、四〇—四一頁。
62 同書、四五—四六頁。
63 同書、七六頁。
64 同書、六三—六四頁。
65 同書、六七頁。
66 同書、七六頁。
67 同書、六四—六五頁。
68 アンドレ・ピショ著、山本啓二訳『科学の誕生（上）　古代オリエント』（せりか書房、一九九五年）、一二六頁の、Maspèro, G., *Histoire ancienne des peuples de l'Orient* (Paris, 1917) からの引用。
69 ヴェロニカ・イオンズ著、酒井傳六訳『エジプト神話』（青土社、一九九一年）、四一、四四—五〇、九一頁。
70 同書、一三〇頁。
71 同書、一〇四、一〇八—一一四、二六六頁。
72 同書、二七六頁。
73 同書、八三—八七頁。
74 同書、四五頁。
75 同書、三一—三二頁。
76 同書、一〇六頁。

77　前掲書（68）、一〇一頁。
78　ミルチャ・エリアーデ著、久米博訳『エリアーデ著作集第一巻　太陽と天空神　宗教学概論1』（せりか書房、一九七四年）、一六七頁。
79　マグダ・レヴェツ・アレクサンダー著、池井望訳『塔の思想――ヨーロッパ文明の鍵』（河出書房新社、一九七二年）、一七頁。
80　前掲書（23）、六三―六四、三八三頁。
81　ミルチャ・エリアーデ著、久米博訳『エリアーデ著作集第三巻　聖なる空間と時間　宗教学概論3』（せりか書房、一九七四年）、一〇五―一〇六頁。ジョン・グレイ著、森雅子訳『オリエント神話』（青土社、一九九三年）、五四―五八頁。
82　辻直四郎訳『リグ・ヴェーダ讃歌』（岩波書店［岩波文庫］、一九七〇年）、三一一、三一七、三一九、三二一頁。
83　同書、三二二―三二三頁。
84　立川武蔵『はじめてのインド哲学』（講談社［講談社現代新書］、一九九二年）、四〇―四一頁。
85　同書、四一、四八頁。
86　同書、五〇頁。
87　同書、四六頁。
88　M・ヴィンテルニッツ著、中野義照訳『ヴェーダの文学――インド文献史第一巻』（高野山大学内日本印度学会、一九六四年）、二四二頁。
89　前掲書（84）、五七頁。
90　同書、六三頁。
91　同書、六六―六七頁。

92 ヴェロニカ・イオンズ著、酒井傳六訳『インド神話』（青土社、一九九〇年）、七〇頁。
93 吉田敦彦「ギリシアの神話伝説」、『世界の神話伝説・総解説』（自由国民社、一九九四年）、二一―三三頁。
94 前掲書（23）、三九八―三九九頁。
95 オウィディウス著、中村善也訳『変身物語（下）』（岩波書店［岩波文庫］、一九八四年）、三二一頁。
96 ジョーゼフ・リクワート著、前川道郎・小野育雄訳『〈まち〉のイデア――ローマと古代世界の都市の形の人間学』（みすず書房、一九九一年）、八二―八三、一〇一、一四四―一四五頁。
97 同書、一〇〇―一〇一、一九〇―一九一、一九三頁。
98 同書、一〇七、二〇三頁。
99 三浦國雄『風水　中国人のトポス』（平凡社［平凡社ライブラリー］、一九九五年）、六三―六五頁。
100 曽布川寛『崑崙山への昇仙』（中央公論社［中公新書］、一九八一年）、一六―一七、二三―二四頁。
101 前掲書（99）、五一頁。
102 同書、五八―六〇頁。
103 楠山春樹『淮南子（上）』（明治書院［新釈漢文大系　第54巻］、一九七九年）、二三一頁。
104 加藤常賢『書経（上）』（明治書院［新釈漢文大系　第25巻］、一九八三年）、一五一頁。
105 大室幹雄『劇場都市』（筑摩書房［ちくま学芸文庫］、一九九四年）、一五五頁。
106 同書、一七八―一七九、二〇〇―二〇一頁。

第四章　一神教的「見かた」

1　Murdock, George Peter, *Ethnographic Atlas* (University of Pittsburgh Press, 1967).
2　同書、五二頁。
3　ミルチャ・エリアーデ著、久米博訳『エリアーデ著作集第一巻　太陽と天空神　宗教学概論1』(せりか書房、一九七四年)、八五―九〇頁。
4　同書、九〇頁。
5　阿部年晴『アフリカの創世神話』(紀伊國屋書店〔紀伊國屋新書の復刻〕、一九九四年)、四〇頁。
6　前掲書(3)、九三―九四、九六頁。
7　ジェフリー・パリンダー著、松田幸雄訳『アフリカ神話』(青土社、一九九一年)、七七―七八頁。
8　前掲書(5)、一四〇―一四一頁。
9　前掲書(7)、八一―八二頁。
10　前掲書(5)、七三頁。
11　エドワード・E・エヴァンズ＝プリチャード著、向井元子訳『ヌアー族の宗教(上)』(平凡社〔平凡社ライブラリー〕、一九九五年)、二一〇―二一四頁。
12　同書、二一六―二一七、二一九―二三〇頁。
13　同書、二三〇―二三一頁。
14　同書、二三七―二三八頁。
15　同書、二三二、二三四、二三六頁。

16　エドワード・E・エヴァンズ＝プリチャード著、向井元子訳『ヌアー族の宗教（下）』（平凡社［平凡社ライブラリー］、一九九五年）、四四、四六、五〇、五二―五四、五九、六二、六四―八一頁。
17　同書、一四一―一四四、一五九、一六七、一七五頁。
18　同書、一六二、一六八―一六九頁。
19　前掲書（11）、二八八―二八九、二九五頁。
20　同書、二八四―二八五、二八七―二八八、二九五―二九七、三〇一―三〇二頁。
21　前掲書（3）、一一三、一一五―一一六頁。
22　エヴリーヌ・ロット＝ファルク著、田中克彦・糟谷啓介・林正寛訳『シベリアの狩猟儀礼』（弘文堂［人類学ゼミナール14］、一九八〇年）、四四頁。
23　大林太良『北方の民族と文化』（山川出版社、一九九一年）、二七頁。
24　小長谷有紀「狩猟と遊牧をつなぐ動物資源観」、大塚柳太郎編『講座地球に生きる3　資源への文化適応――自然との共存のエコロジー』（雄山閣、一九九四年）、八〇頁。
25　エルヒム・アブラモヴィチ・クレイノヴィチ著、枡本哲訳『サハリン・アムール民族誌――ニヴフ族の生活と世界観』（法政大学出版局、一九九三年）、一三一―一三七頁。
26　前掲書（22）、一五頁。
27　小長谷有紀『モンゴル草原の生活世界』（朝日新聞社［朝日選書］、一九九六年）、八―九頁。
28　同書、一三七、一四六―一四七頁。
29　前掲論文（24）、七八―七九頁。
30　同論文、八九頁。
31　前掲書（27）、一四九頁。

32　鯉渕信一『騎馬民族の心――モンゴルの草原から』（日本放送出版協会［ＮＨＫブックス］、一九九二年）、九〇―九一、九四―九五頁。
33　前掲書(27)、一一五頁。
34　同書、二〇二―二〇三頁。
35　同書、一九九―二〇〇頁。
36　三浦國雄『風水　中国人のトポス』（平凡社［平凡社ライブラリー］、一九九五年）、四四―四五頁。
37　江上波夫『騎馬民族国家（改版）』（中央公論社［中公新書］、一九六七年）、四六、九八頁。
38　前掲書(32)、九一―九二頁。
39　前掲書(3)、一一四頁。
40　ジョン・Ｒ・ヒネルズ著、井本英一・奥西峻介訳『ペルシア神話』（青土社、一九九三年）、四二―四四頁。
41　ヘロドトス著、松平千秋訳『歴史（上）』（岩波書店［岩波文庫］、一九七一年）、一〇六頁。
42　マックス・ウェーバー著、武藤一雄・薗田宗人・薗田坦訳『宗教社会学』（創文社、一九七六年）、七八、七九―八〇頁。
43　荒井章三『ユダヤ教の誕生』（講談社［講談社選書メチエ］、一九九七年）、二一五―二一六頁。
44　ピーター・Ｌ・バーガー著、薗田稔訳『聖なる天蓋――神聖世界の社会学』（新曜社、一九七九年）、一八二頁。
45　同書、一八〇頁。
46　デイヴィッド・ゴールドスタイン著、秦剛平訳『ユダヤの神話伝説』（青土社、一九九二年）、四〇頁。

47 『コーラン』の訳は、井筒俊彦訳『コーラン（上・中・下）』（岩波書店［岩波文庫］、一九五七・一九五八年）による。番号はフリューゲル版に従う。
48 井筒俊彦『イスラーム文化』（岩波書店［岩波文庫］、一九九一年）、七三―七四頁。
49 同書、六一―六二頁。
50 片倉もとこ『イスラームの日常世界』（岩波書店［岩波文庫］、一九九一年）、三六頁。
51 谷泰『カトリックの文化誌――神・人間・自然をめぐって』（日本放送出版協会［ＮＨＫブックス］、一九九七年）、一三三頁。
52 同書、一三六―一三七頁。
53 谷泰『神・人・家畜――牧畜文化と聖書世界』（平凡社、一九九七年）、二七二―二七三頁。
54 同書、三四三頁。
55 前掲書(51)、八―一七頁。
56 リン・ホワイト著、青木靖三訳『機械と神』（みすず書房、一九七二年）、八七―八八頁。
57 落合仁司『地中海の無限者――東西キリスト教の神―人間論』（勁草書房、一九九五年）、一七、八一、一二三、一二四頁。
58 前掲書(56)、八九頁。
59 前掲書(48)、七四―七六、七八頁。
60 前掲書(56)、九〇、一〇二頁。
61 マージョリー・ホープ・ニコルソン著、小黒和子訳『暗い山と栄光の山』（図書刊行会、一九八九年）、七六頁。
62 前掲書(56)、九〇頁。
63 同書、六五―六六頁。

64 同書、九六頁。
65 今野國雄『ヨーロッパ中世の心』(日本放送出版協会［ＮＨＫライブラリー］、一九九七年)、二九四―二九五頁。
66 前掲書(56)、一〇三頁。
67 同書、一〇四頁。
68 同書、一〇三頁。
69 同書、九〇―九一頁。
70 織田武雄『地図の歴史――世界篇』(講談社［講談社現代新書］、一九七四年)、五二―五三頁。
71 前掲書(61)、七一頁。
72 同書、七六―七七頁。
73 前掲書(44)、一八九頁。
74 馬杉宗夫『大聖堂のコスモロジー――中世の聖なる空間を読む』(講談社［講談社現代新書］、一九九二年)、一二〇、一二五、一三三―一三四頁。
75 同書、三八頁。
76 マグダ・レヴェツ・アレクサンダー著、池井望訳『塔の思想――ヨーロッパ文明の鍵』(河出書房新社、一九七二年)、三六、三八頁。
77 前掲書(74)、五九頁。
78 同書、一〇〇―一〇一頁。
79 前掲書(56)、一〇二頁。
80 同書、一二四頁。

第五章　近代的「見かた」

1　フランシス・マクドナルド・コーンフォード著、山田道夫訳『ソクラテス以前以後』（岩波書店［岩波文庫］、一九九五年）、一三七頁。
2　村上陽一郎『科学史の逆遠近法』（中央公論社［自然選書］、一九八二年）、二三三頁。
3　同書、二二九、二五〇頁。
4　森田慶一訳註『ウィトルーウィウス建築書』（東海大学出版会［東海選書］、一九七九年）、一一頁。
5　エルウィン・パノフスキー著、木田元・川戸れい子・上村清雄訳『〈象徴《シンボル》形式〉としての遠近法』（哲学書房、一九九三年）、二三―二五頁。
6　前掲書（4）、一七七頁。
7　辻茂『遠近法の誕生――ルネサンスの芸術家と科学』（朝日新聞社、一九九五年）、六四―六八頁。
8　同書、九一―九四、九九頁。
9　同書、一一二―一一三頁。
10　同書、七五頁。
11　前掲書（5）、四五頁。
12　前掲書（7）、一四―一五頁。
13　同書、五九頁。
14　前掲書（7）、四〇―四一頁。
15　同書、三四、四二―四四、五八頁。

16 前掲書(5)、六六頁。
17 同書、一一―一三、五一、六三頁。
18 オットー・ベネシュ著、前川誠郎・勝国興・下村耕史訳『北方ルネサンスの美術』(岩崎美術社、一九七一年)、五四―六八頁。
19 ケネス・クラーク著、佐々木英也訳『風景画論(改訂版)』(岩崎美術社、一九九八年)、二〇頁。
20 同書、四九、五三頁。
21 同書、六八―七〇頁。
22 同書、五八、六〇頁。
23 前掲書(18)、五四―五五、六〇頁。
24 同書、五七、六一―六二頁。
25 同書、六四頁。
26 前掲書(19)、七七頁。
27 同書、八四―八六頁。
28 アウグスティヌス著、山田晶訳『告白』(中央公論社[中公バックス 世界の名著]、一九七八年)、三四一頁。
29 マージョリー・ホープ・ニコルソン著、小黒和子訳『暗い山と栄光の山』(図書刊行会、一九八九年)、七八―七九頁。
30 デジデリウス・エラスムス著、金子晴勇訳「エンキリディオン」、『宗教改革著作集 第二巻』(教文館、一九八九年)、五―一八〇頁。
31 マルティン・ルター著、石原謙訳「キリスト者の自由」、『新訳 キリスト者の自由・聖書への序言』(岩波書店[岩波文庫]、一九五五年)、九―五四頁。

32 ピーター・L・バーガー著、薗田稔訳『聖なる天蓋――神聖世界の社会学』（新曜社、一九七九年）、一七三―一七四頁。
33 前掲書（29）、一四一頁。
34 同書、一三八―一四〇頁。
35 前掲書（2）、二六八頁。
36 前掲書（29）、一一五頁。
37 小泉義之『デカルト＝哲学のすすめ』（講談社［講談社現代新書］、一九九六年）、一四八―一五三頁。
38 デカルト著、落合太郎訳『方法序説』（岩波書店［岩波文庫］、一九五三年）、四四―五四頁。
39 マックス・ヴェーバー著、大塚久雄訳『プロテスタンティズムの倫理と資本主義の精神』（岩波書店［岩波文庫］、一九八九年）、一八頁。
40 同書、三五五頁。
41 同書、四〇―四三頁。
42 前掲書（29）、七二頁。
43 同書、一八九―一九〇頁。
44 同書、一七八―一八一、一八四―一八六頁。
45 同書、三七一、三九二―三九三、四二〇頁。
46 川崎寿彦『庭のイングランド――風景の記号学と英国近代史』（名古屋大学出版会、一九八三年）、二八三、二八九、二九三頁。
47 前掲書（19）、二〇三頁。
48 同書、二一〇頁。

49　エベネザー・ハワード著、長素連訳『明日の田園都市』（鹿島出版会、一九六八年）、八八―九四頁。
50　東秀紀『荷風とル・コルビュジエのパリ』（新潮社［新潮選書］、一九九八年）、二一九頁。

第六章　まとめ

1　マルセル・グリオール著、坂井信三・竹沢尚一郎訳『水の神――ドゴン族の神話的世界』（せりか書房、一九八一年）。マルセル・グリオール、ジェルメーヌ・ディテルラン著、坂井信三訳『青い狐――ドゴンの宇宙哲学』（せりか書房、一九八六年）。
2　コリン・M・ターンブル著、藤川玄人訳『森の民』（筑摩書房、一九七六年）、一〇七―一〇九頁。
3　同書、一一〇頁。
4　大林太良『北方の民族と文化』（山川出版社、一九九一年）、三三頁。
5　大林太良・伊藤清司・吉田敦彦・松村一雄編『世界神話事典』（角川書店、一九九四年）、六九―七〇頁。
6　アードルフ・E・イェンゼン著、大林太良・牛島巖・樋口大介訳『殺された女神』（弘文堂［人類学ゼミナール　2］、一九七七年）。
7　同書、一四―二五頁。
8　谷泰『神・人・家畜――牧畜文化と聖書世界』（平凡社、一九九七年）、一三七―二〇二頁。
9　アンソニー・ギデンズ著、松尾精文・小幡正敏訳『近代とはいかなる時代か？――モダニティの帰結』（而立書房、一九九三年）、一八五―一八七頁。
10　加藤尚武『環境倫理学のすすめ』（丸善［丸善ライブラリー］、一九九一年）、一七一頁。

あとがき

どのような研究分野にもあてはまることでしょうが、自分が本当に知りたいことについて書かれた論文や著書というものは、めったにあらわれません。誰もが答えを知りたい問題は、研究者の窓口にできた長い行列の後ろに回されることが多いようです。

私は地理学という学問領域に属しながら、一九八〇年代の終わりから空間や環境の認知について考え始めましたが、この分野にもその種の基本的ではあるが何とも整理しにくい問題があることがわかってきました。それは、「文化によって空間や環境の認知の仕方がどのように異なっているか」という問題です。

もちろん、拙訳もあるアメリカの地理学者イーフー・トゥアンの著書などを読めば、さまざまな比較の事例が出てきます。そこでは、近代と前近代、あるいは特定の文化同士が対比的に取り上げられています。しかし、近代文明を含む世界の文化全体が、空間論的に互いにどのような関係にあるかを論じた研究は、どうもまだないようです。おそらくそれは、トゥアンの下の世代の研究者に課せられた問題なのでしょう。

まだ書かれていないのならば、自分で書くのが研究者の仕事です。私は、その問題を少し突きつめて考えてみることにしました。一九九五年の夏のことです。この年は、一月に阪神・淡路大震災、三月に地下鉄サリン事件があり、その間に挟まれて、私の最初の著書である『日本空間の誕生』が出版されたのですが、衝撃的なできごとの影響で、私自身、本を読むような気分ではなかったことを思い出します。

そこでとりあえず、それまでに集めてあったデータを眺め直すことから始めました。それは『HRAF《ハラフ》（ヒューマン・リレーションズ・エリア・ファイルズ）』という民族学の資料集成から集めた、世界の民族の宇宙観に関するデータです。その一部は、『日本空間の誕生』をベースにまとめた『視覚世界としての環境と人間の相互関係から見た文化の基層的な構造』というタイトルの博士論文（一九九七年）に使いましたが、そこではまだ父性的・母性的という用語にこだわっていたため、環境認知の類型化まではたどりつけませんでした。

その後、父性的・母性的という概念を空間的な観点から抽象化することで、環境の「見かた」を四つに類型化することが可能ではないかと考えるに至ったのですが、さまざまな文化を四つにうまく切り分けられたと実感したのは、ワープロに溜めこんだ原稿の整理がかなり進んだ段階になってからでした。結局、最初に集めた宇宙観に関するデータは、ほとんど第四章だけで使われることになり（英文の引用文献が第四章に集中しているのはそのためです）、気がつくと宗教学や社会学、美術史や科学史などさまざまな分野に足を踏み入れていました。

したがって、この本を一読して、いろいろなことが空間という観点からうまく整理できるものだなと思われたら、私の目的は十分に達せられたことになります。私が本書でやりたかったことは、まず第一に整理です。しかし、この本をパラパラと見て、トゥアン・ウォッチャーがトゥアンのまねをしているだけかと思われたら、それははなはだ不本意です。そのような人は、どうか図1だけでも眺めてください。この本は結局、その図を納得してもらうために書かれているのですから。

とは言うものの、環境の「見かた」を四類型に整理したというだけでも、いくつかの知見が得られました。まず第一に、『日本空間の誕生』で詳しく論じた日本の伝統的な環境の「見かた」を、世界の文化の中で位置づけることができました。空間論の観点から言えば、日本の文化は、たとえばユダヤ・キリスト教の文化とは対照的ですが、中国大陸の文化とは自然と人間の連続性という点で、近代文明とは視線の水平性という点で、それぞれ共通性をもつといったことが示されたわけです。

第二に、近代的「見かた」における科学ばかりでなく、それぞれの「見かた」の中で独自の知の体系が発達してきたことも明らかにされました。たとえば風水思想を、西洋の科学に対する東洋の科学と呼ぶことは可能でしょう。しかし、このような対比は、逆に両者の違いをはっきりさせることにもなりました。

その他にも、近代的な「見かた」がもつ普遍性について考察し、それが伝統的な「見かた」の上に重なり合うメカニズムの説明を試みました。また、風景という特殊な「見かた」が生まれる要因についても論じました。しかし、本書の四類型による整理をもとにした議論には、まだまだ展開の余地がありそうです。

最後になりましたが、五年間の本書の仕事とともに成長した累《かさね》、おとなしいとはとても言いがたい息子二人の相手をしてくれることでしばしば静かな時間を作ってくれた妻、そしてその妻の手助けをしてくれた義母に、本書を捧げたいと思います。

二〇〇〇年九月

阿部　一

著者紹介

阿部　一（あべ　はじめ）

1961年生まれ。東京大学大学院理学系研究科地理学専攻修了。理学博士。現在、東洋女子短期大学助教授。
著書に『日本空間の誕生――コスモロジー・風景・他界観』（せりか書房、1995年）。訳書にトゥアン『トポフィリア――人間と環境』（共訳、せりか書房、1992年）、トゥアン『個人空間の誕生――食卓・家屋・劇場・世界』（せりか書房、1993年）、トゥアン『感覚の世界――美・自然・文化』（せりか書房、1994年）、『図説大百科世界の地理 1 アメリカ合衆国Ｉ』（共訳、朝倉書店、1996年）、トゥアン『コスモポリタンの空間――コスモスと炉端』（せりか書房、1997年）。

空間の比較文化誌

2000年11月20日　第1刷発行

著　者　阿部　一
発行者　佐伯　治
発行所　株式会社せりか書房
東京都千代田区猿楽町 2-2-5　興新ビル
電話 03-3291-4676　振替 00150-6-143601
印　刷　信毎書籍印刷株式会社
装　幀　工藤強勝

ISBN4-7967-0229-6